D1718022

Dedica

Licenza per produzione e vendita

MEPASA AG
Winkelbüel 4
CH-6043 Adligenswil
Telephon ++41 41 372 02 00
Telefax   ++41 41 372 01
www.mepasa.ch

Diritti del libro:
© by IP Institut für Persönlichkeitsentfaltung AG
Winkelbüel 4   CH-6043 Adligenswil
Telephon ++41 41 372 06 66
Telefax   ++41 41 372 06 65
info@ipe.ch
www.ipe.ch

Autore   Franz X. Bühler

Lettorato   Emilie Bühler
                  Tilli Bühler
                  Heidy Gasser
                  Barbara Wallimann
                  Dr. Markus Wiggli

Illustrazioni   Pierre Bühler

1a edizione   2002
.
11a edizione   (da 74.500 fino a 94.500 copie) 2007

ISBN 978-3-906439-01-3 (tedesco)
ISBN 978-3-906439-22-8 (tedesco de luxe - 2a edizione)
ISBN 978-3-906439-16-7 (inglese - 2a edizione)
ISBN 978-3-906439-17-4 (italiano)

Traduzione dall'originale svizzero-tedesco in italiano: Giorgio Langella (Torino)

Una rosa per?

Perché un libro possa formarsi, occorrono molti collaboratori, diretti e indiretti. Con queste righe io vorrei anche porgere alcuni grazie di cuore. Ringrazio Tilli, la mia cara moglie, la quale - mentre io ero impegnato a scrivere - ha dovuto trascorrere da sola molti giorni e molte sere. Spesso per l'agitazione io non chiudevo occhio e mi rigiravo nel letto da una parte e dall'altra. Lei lesse il libro con gli occhi delle lettrici e dei lettori e mi aiutò con idee interessanti e preziose a perfezionare l'opera.

Voglio ringraziare anche Heidy Gasser, la quale rimase al mio fianco come scrittrice esperta e lettrice; Barbara Wallimann, che con le sue grandi conoscenze ortografiche mi aiutò a plasmare il libro anche per lettori critici in modo professionale e senza errori per quanto possibile; mia madre Emilie Bühler, la quale seguì il libro in formazione con occhi di correttrice e di madre; il dottor Markus Wiggli, che dedicò il tempo per smussare l'opera con il suo sapere e il suo potere. E last but not least, Pierre Bühler (non parente), il quale con le sue delicate illustrazioni diede per così dire l'ultimo tocco al libro. Grazie di cuore!

Sull'autore Franz X. Bühler

È nato nel 1956 a Sursee (Svizzera). In un processo del tutto personale ha sperimentato molto e insegna in modo non teorico, ma partendo dall'esperienza pratica, dalla vita. Una delle sue capacità preminenti è quella di mediare cose complesse in modo semplice e facilmente comprensibile. Da più di 27 anni fa parte dei suoi grandi e affascinanti compiti lo studio attivo della vita e del suo adeguamento alle leggi. Attraverso diversi percorsi formativi, quali il training mentale, la suggestopedia e lo studio intensivo del subcosciente, diventò trainer per il NLP (Neuro Linguistic Programming), anche per la fisica dei quanti e per la psicologia dei quanti. Egli trovò qui una scienza che lo affascina e che corrisponde alla sua esigenza di chiarezza e di efficacia. Per Franz X. Bühler ogni uomo è unico e prezioso, da incontrare con attenzione e con rispetto. Egli vede se stesso come "insegnante che impara" e non come maestro o guru. È convinto della saggezza di ogni singolo e vede il suo compito nel risvegliare le "capacità addormentate", per rimanere sveglio egli stesso. Franz X. Bühler è divenuto noto attraverso innumerevoli sedute individuali, nelle quali facilitò molte persone a risolvere semplicemente e velocemente i problemi quotidiani, anche di natura profonda; i suoi training di strategie di apprendimento; il seminario "iPowerbuch"; il metodo "IP-Mind"; i seminari "Feuerlauf"; il corso "Schlank werden - schlank bleiben" (= Diventare snello - rimanere snello); il primo Master-IP di training; e la prima scuola completa (come seconda occupazione) di trainer mentali e della personalità secondo la VSMPT (Verband Schweizerischer Mental- und Persönlichkeits-Trainer/innen = associazione svizzera degli allenatori/allenatrici mentali e della personalità).

Prefazione

"Il ventre è un maestro di tutte le arti"
(Persio Flacco, satirico romano, 34-62 d. C.)

24 ore al giorno stiamo in vita. Con occhi, orecchie, naso e bocca conosciamo e capiamo il nostro ambiente. Alcune di queste esperienze si raccolgono nella nostra mente, altre trovano la strada nel nostro cuore.

E noi ammettiamolo: molto si trova in contrapposizione. Chi ha avuto successo sa che ogni giorno deve di nuovo orientarsi in modo diverso e imparare qualcosa di nuovo. Questo può essere avvincente e stimolante. Ogni situazione contiene un'ulteriore chance, a condizione che noi la possiamo e la vogliamo realmente vedere.

Quello che ieri aveva ancora validità, oggi viene ridefinito da capo. E questo sovente senza il nostro contributo personale.

Questa realtà chiede e incoraggia il nostro ingegno e la nostra disponibilità a vivere e a plasmare il futuro come uomini aperti.

Le nostre esperienze e conoscenze sono tra l'altro anche il fondamento di una matura configurazione della vita. Sapendo comunque che quello che noi abbiamo conosciuto con la testa, sperimentato e compreso con il cuore, lo consideriamo più di quanto ne diventiamo consapevoli come proveniente dal ventre. Questo va bene così e qualche volta ci rende perfino più sicuri nelle nostre azioni e attività.

Nel libro "Dalla mente al cuore" leggerà esperienze, conoscenze e successi di nostri simili - spesso anche piccole saggezze - che possono riuscire utili a Lei del tutto personalmente e alla configurazione della Sua vita.

In questo modo Lei vedrà anche abbastanza spesso la possibilità di plasmare la Sua vita in modo diverso, se possibile addirittura in modo nuovo e con più successo, partendo dal "ventre".

Questo Le auguro, cara lettrice, caro lettore, con tutto il "ventre" - scusi - "con tutto il cuore"!

Peter Suter, Frick

Ecco che cosa trovi in questo libro

I.
Atteggiamenti che ti fanno avanzare

II.
Il più grande supermercato per progetti, mete, desideri e sogni

III.
Strumenti di successo - in modo facile, semplice ed efficace

IV.
Conoscenze vere e adeguate tutti i giorni

V.
I tuoi pensieri - la tua miniera d'oro

VI.
Ricchezza - più che una parola, afferrabile e fattibile

VII.
La sapienza dei grandi pensatori - comprendere e mettere in pratica

VIII.
Abitudini che ti portano avanti

IX.
Cose che alleggeriscono la vita

„*Come puoi*

leggere questo libro"

Che cosa pretende questo Bühler? Come se io non sapessi come si legge un banale libro? «*Un banale libro? - Scusi, così proprio no!*».

Ciò nonostante, chi avesse il sentore di potersi guadagnare una nuova affascinante idea, può andare avanti a leggere con curiosità. Chi lo sa?

Dunque, una variante è:
divòralo dall'inizio alla fine. Raccogli le idee di più grande effetto, le esperienze, i consigli, sì, le conoscenze in parte vecchie di secoli. Lasciale affondare del tutto e osserva criticamente la loro efficacia e la loro idoneità ogni giorno. Oppure scòrrilo molto semplicemente dall'inizio alla fine, così come fai per lo più con gli altri libri.

16

La seconda possibilità:
quando tu, pieno di speranza, cerchi una massima mordente per il giorno, allora apri semplicemente una pagina: *«Anche il caso può spesso continuare ad aiutare in modo sorprendente»*.

La terza forma:
leggi ogni giorno solamente un unico capitolo, sii aperto e teso su quanto scopri e rallegrati pieno di aspettative per il giorno iniziato – proprio come se oggi avessi giocato al lotto e aspettassi eccitato e nervoso finalmente la tua cinquina sicura.
Dopo un paio di mesi puoi leggerlo una seconda e una terza volta. Scommettiamo che scoprirai continuamente cose che prima ti erano sfuggite?

La quarta versione…
… è quella bibliomantica. Essa ha quasi qualcosa di magico in sé ed è pensata veramente solo per le persone che hanno piacere di fare esperimenti. Nonostante tutto, sei interessato?
Funziona così:
«Chiudi i tuoi occhi e poni una domanda chiara, per la quale tu cerchi ardentemente una risposta. Conserva questa domanda sempre in mente, mentre tu ora, ancora ad occhi chiusi, prendi in mano il libro e pieno di aspettative incominci a sfogliarlo. Aprilo ad una pagina qualsiasi, indica con il tuo dito il punto x preferito e quindi apri gli occhi. Quale passo hai trovato? Dove indica il tuo dito?».

Può essere che proprio questo particolare passo del libro dia a te preziose indicazioni su come andare avanti nella tua faccenda. Talvolta è un'intera sezione, spesso l'intera pagina.

Sii aperto, curioso, felice di fare esperimenti; e lasciati sorprendere! Idee insolite possono significare una sorgente frizzante, un turbo nello sviluppo della persona. Chi crede di sapere già tutto e che non ci sia più niente di nuovo da scoprire, rimane imprigionato nel suo delimitante modo di vedere. Egli rimane semplicemente del tutto muto.

Ricordati: «*Che cosa abbiamo scoperto e fatto noi uomini solo negli ultimi anni? Che cosa diventò possibile, che ancora 100 anni fa appariva del tutto impensabile? Cose che tu e io accettiamo oggi con assoluta ovvietà e in parte usiamo ogni giorno, come radio, televisione, trasmissione e computer, ferrovia e molto altro ancora!*».

I.

Atteggiamenti che ti fanno avanzare

Man nennt ihn Rohstein, den Diamanten,
der frisch aus dem Schoss der Erde ge-
hoben wurde. Klar in seiner Form, trübe
in der Ansicht. Verborgen sein Charakter.

Entdecke den
Diamanten in
Dir

Si indica il diamante come pietra grezza, appena viene
ricuperato dal grembo della terra. Chiaro nella sua forma,
opaco alla vista, nascosto il suo carattere.
Scopri il diamante che c'è in Te!
Sono in ogni uomo, spesso sono appena riconoscibili - i
diamanti, i quali attendono solamente di venire scoperti e
"sfaccettati"…

„*Vincitori e perdenti -*

La differenza?"

«*ignoto*»

Il perdente è sempre parte di un problema.
Il vincitore è sempre parte della risposta.
Il perdente ha sempre una scusa.
Il vincitore ha sempre un programma.
Il perdente dice: «*Questo non è il mio lavoro*».
Il vincitore dice: «*Lasciamelo fare per te*».
Il vincitore vede una risposta in ogni problema.
Il perdente vede un problema in ogni risposta.
Il perdente vede un problema in ogni buca di sabbia.
Il vincitore vede il verde vicino ad ogni buca di sabbia.
Il perdente dice: «*Potrebbe essere possibile,*
ma è troppo difficile».
Il vincitore dice: «*Potrebbe essere difficile,*
ma è possibile».
Quali sono le tue risposte?

„I caso non esiste"

«ammissione»

Attenzione! La giornata di oggi potrebbe diventare uno dei giorni più avvincenti e più interessanti della storia della tua vita. Devi solo deciderti: *«Ci sono veramente dei casi oppure no?»*. Non hai bisogno di rispondere subito con SÌ o NO. Forse può esserti di ulteriore aiuto la seguente ammissione:

grazie alle ricerche intensive nel settore della fisica dei quanti, oggi gli scienziati possono dimostrare: *«Non esiste nessun caso. Esistono gli avvenimenti, di cui noi non possiamo ricostruire in modo cosciente la connessione, se non con motivazioni stabilite prima o dopo il momento dell'evento»*.

Questo è strabiliante! In definitiva, se non ci fosse nessun caso, tu potresti dedurre dalle tue esperienze e conoscenze che, in qualche posto nella tua vita e quindi nel tuo supercomputer detto cervello, ci dovrebbero essere determinati contenuti memorizzati. Cose che non ti piacciono, forse, che vorresti cambiare. Incomincia adesso e osserva con curiosità i "casi" nella tua vita. Prenditi tempo. Anch'io ho avuto bisogno di più di 50 "casi" finché, come elettronico razionale, contro la mia volontà ho dovuto finalmente ammettere: *«Il caso non esiste!»*. Domanda: *«Che cosa ti è successo per caso in questi ultimi tempi?»*.

„*La storia dell'aquila*"

«*ignoto*»

C'era una volta un meraviglioso uovo di aquila a macchie colorate che cadde in un morbido nido estraneo. Per quanto avesse un aspetto del tutto diverso dagli altri, dopo una lunga razzolante consultazione i polli decisero di covarlo egualmente. Il tempo trascorse e sgusciò fuori un pulcino particolare. Passarono i mesi; ogni pulcino diventò grande e imparò ad essere un "vero pollo". Un giorno la piccola aquila vide molto in alto un grande uccello che volteggiava maestosamente. «*Oh, solo potessi volare anch'io così*», era il suo desiderio più grande. I polli agitati facevano coccodè: «*Questo non è per "noialtri". È troppo pericoloso, non possiamo volare così in alto*».

L'aquilotto imparerà a volare così maestosamente? Dipende solo e soltanto dal suo credere di essere "noialtri" o semplicemente dal fatto che una volta tenta e allarga le sue ali piene di forza?

Quali cose belle e grandi credi che non siano per te - non per "noialtri" -? Quando semplicemente le affronti e le fai?

„Anche la strada più lunga

incomincia con il primo passo"

«ignoto»

Quando mi venne l'idea di questo libro, pensai: *«Quando vuoi collocare questo impegno nel tuo calendario già pieno zeppo?»*. Allora mi venne un'idea affascinante: *«Se io scrivo ogni giorno una sola pagina, il libro è pronto al più tardi dopo 168 giorni!»*. Il solo pensiero accelerò le mie pulsazioni e un sentimento caldo, insolitamente vigoroso e stimolante, incominciò ad allargarsi nella pancia. Alla fine vennero scritte spesso numerose pagine al giorno e il libro fu pronto molto più rapidamente di quanto pianificato!

Qualunque cosa tu abbia intrapreso, per quanto alte ti sembrino le "tue" montagne a cui stai proprio davanti: *«Pensa, progetta e poi va' diritto passo per passo. Avanza pieno di fiducia e motivato in direzione della tua meta!»*.

E pensa a questo: *«Un chilometro consiste in 1.000 passi, un patrimonio di milioni in milioni di singoli euro. E' necessario ogni passo, ogni euro, per giungere alla meta desiderata»*.

24

„Amore -

qualcosa per sognatori?"

«amore come strumento per realisti e altri "svitati"»

L'amore è la più grande forza che noi conosciamo? Che cosa s'intende con questo? Tutto intero, tutto a posto, tutto rosa? No! Amare qualcosa significa desiderarlo con tutte le sue sfaccettature, accettarlo, non litigarci, non dubitarne.

Amare vuol dire: *«Indirizza tutte le tue energie verso quello che vuoi con tutto il cuore. Sii in movimento, entusiasta in ogni fibra, in ogni molecola, in ogni atomo del tuo corpo. Salta, vibra e trema per l'eccitazione, quando pensi alla tua idea. Trasforma te stesso nella tua idea - sii la tua idea!».*

Persone piene di successo si chiedono:

«Che cosa amo in...? Che cosa posso fare per... amare ancora di più, in modo ancora più intenso? Che cosa rafforza il mio credere che... è possibile?».

25

„Io sono prezioso"

«sentimento base auspicabile come suggestione»

Il fisico dei quanti Ulrich Warnke ci dimostra in modo convincente che il valore dell'energia di un solo grammo di materia umana al cambio ha l'incredibile valore di 1 milione di dollari.

Quale persona anche non del tutto ragionevole può credere - da un punto di vista puramente materiale - di non valere molto? È chiaro che ha bisogno di qualcosa di più. Per sentirti veramente prezioso ed essere persuaso dei tuoi valori interiori ed esteriori, tu devi sviluppare un sentimento forte e profondamente ancorato al tuo valore!

L'esercizio seguente ha già provocato veri miracoli in molti: «*Domandati: che cosa ti rende così prezioso per altre persone? È la tua esperienza, il tuo sapere, la tua diligenza, la tua capacità di immedesimazione, sono le tue attitudini? Che cosa valorizzi in te stesso in modo del tutto particolare? Quali preziose esperienze hai già fatto per continuare ad aiutare gli altri (e te stesso)?*».

Scrivi tutto su di un biglietto e leggilo per 60 giorni - ogni giorno - almeno 3 volte, di cui una volta prima di addormentarti! Tu non sei solo quello che si può toccare, tu sei anche tutto quello che si trova nella tua testa. Questo ti fa unico e prezioso!

„Se tollero i dettagli,

è l'inizio della fine"

«Ralph Krueger, allenatore della squadra nazionale svizzera di hockey»

La disciplina di ferro è uno dei tuoi passe-partout per il successo. Nel momento in cui cominci a diventare fiacco e arrendevole anche nelle più piccole cose, si annida immancabilmente nel tuo inconscio il primo impedimento al successo! Un piccolo non appariscente tiranno che capisce come sabotare ogni giorno di più la tua motivazione, fino a distruggerla una volta per tutte, dopo averla ridotta ad un piccolo cumulo di macerie lasciate al suolo.

Per questo motivo devi prefiggerti degli obiettivi intermedi, per poterli affrontare con fermezza e portare a termine.

Proponiti ogni giorno solamente un unico gradino. Lavora con disciplina e non smettere mai prima di averlo raggiunto.

Esamina te stesso: *«Quale sentimento provi quando, al termine della giornata, ti guardi indietro e vedi che hai realizzato in modo coerente ciò che ti eri proposto? Non ne sei un po' orgoglioso? E come interagisce questo sulla tua fiducia in te stesso?».*

„*Credi nell'impossibile e*

l'impossibile diventerà possibile"

«*Ralph Krueger*»

Nella nostra comprensione della lingua la parola "impossibile" è assoluta e pare non consenta nessuna via di uscita. Davvero? Non è forse molto di più il contrario? "Impossibile" contiene all'interno anche la parola "possibile"! E la sillaba "im" sta quasi sempre solo per "non in questo modo"! Non si chiama quindi "impossibile" ma "così non possibile". Questo però è il puro contrario! Significa: c'è sempre una via di uscita. Tu non l'hai ancora trovata.

Forse ti manca ancora la ferma convinzione che tu ce la fai veramente? Allora chiediti: «*Che cosa puoi fare tu oggi per riuscire a rafforzare la tua convinzione al 100%? Con la mente? Attivamente tramite l'agire?*».

Non è fantastico sapere che anche altre persone si sono trovate prima di te nella situazione identica o similmente ingarbugliata e che anche loro ce l'hanno fatta? «*Tutto quello che è riuscito a realizzare un uomo, lo puoi raggiungere anche tu. Perché lavori proprio con le stesse ricette e con le stesse leggi come tutti gli altri*».

28

„Hai un problema?

Bene, tu vivi!"

«Napoleon Hill»

Perché mai così tante persone hanno il proprio bel daffare con la parola problema? Ti auguri veramente di non avere più problemi o sfide? Io conosco solo un luogo dove chiaramente le persone non hanno affatto problemi: il cimitero!

I problemi che noi abbiamo padroneggiato ci rendono forti, esperti e ancor più di valore sotto diversi punti di vista.

Rifletti: *«Tu non puoi avere nessun problema - o diciamo sfida -, senza che in te non ci sia già il nocciolo della soluzione».* Questa è pura polarità. Sapere questo, può darti fiducia e forza per affrontarlo, invece di girargli attorno o di spezzarlo. Credimi: *«Girare attorno ad un problema non porta assolutamente a nulla; io l'ho già tentato troppo spesso. Non funziona mai! Io ricevetti la stessa sfida rimbombante di continuo attorno alle orecchie, ogni volta semplicemente con un altro vestito - ma in sostanza sempre lo stesso problema».* Affronta il problema nella sua profondità, rifletti su quale comportamento ti abbia portato là. Riconoscilo e cambia! Ti meraviglierai…

„*Insuccessi*"

La maggior parte delle persone vive gli insuccessi come avvenimenti che le demotivano completamente, consumano le forze e le fanno retrocedere dalle loro mete. Peggio ancora, gli insuccessi potrebbero addirittura far saltare tutti i loro sogni come fossero delicate bolle di sapone. Questo non può e non deve avvenire. Un insuccesso diventa veramente tale quando tu valuti il risultato. Non valutare mai! Gli insuccessi sono avvenimenti proprio come i successi. Impara da essi ed evita di raggiungere lo stesso risultato per la seconda volta!
Tutta la tua vita consiste in risultati «go, no-go». Già quando tu hai imparato a camminare, era così. Non hai rinunciato dopo la centesima volta dicendo: *«Io questo non lo imparerò mai!»*. Non l'hai fatto, altrimenti ancor oggi tu escorieresti le tue ginocchia, strisceresti e gattoneresti! Tu hai tentato una 101esima volta, una 102esima volta, fino a che sei riuscito a camminare.
Il seguente atteggiamento ti aiuta ad attingere forza anche dagli "insuccessi": *«Considera ogni risultato come un esito neutrale, un investimento di grande effetto e prezioso nel tuo imparare e crescere. Accettalo con riconoscenza ed esso ti porterà avanti»*.
Le persone più richieste sono quelle con esperienza. Le esperienze però non sono addestramenti, ma dei vissuti con contenuti di apprendimento!

„Una nave in porto è sicura, ma non è stata costruita per rimanervi

«ignoto»

Fai parte anche tu di quella categoria di gente che rimane molto più volentieri nel porto al sicuro, invece di osare l'uscita nelle onde aperte della vita? È venuto finalmente il tempo di abbandonare il porto. Scopri il mondo e la vita: può essere splendido! In te è nascosto un navigatore molto migliore di quanto tu creda. Prepara il tuo viaggio, mettiti in forma e affrontalo. Vedrai che la pratica con il remo e la vela è più facile di quanto pensi, e il viaggio ti insegnerà quello che ancora non padroneggi.

Goditi l'acqua spumeggiante, il vento che ti soffia in faccia e ti toglie il respiro, goditi le sfide. Esse sono quel certo nonsochè, il gusto piccante, l'appartenenza alla vita. Sì, esse sono molto più di questo: «*Sono i tuoi amici veri, senza i quali tu non vai avanti, che ti accompagnano verso nuove e ancora ignote rive della vita*». Adesso dispiega la tua vela e parti!

31

„*Solo chi mira all'irraggiungibile riesce a raggiungerlo*"

«*ignoto*»

Belle parole, ma che succede quando io ho fissato il mio traguardo troppo in alto e non lo raggiungo? Così si pre-programmano frustrazione e stress. O no?
No! No se tu tieni conto di un'unica condizione, la quale suona così: «*Rallegrati ogni momento per quanto hai già raggiunto, anche se non corrisponde ancora all'intero tuo grande traguardo - e mira ancora all'irraggiungibile*».
Grandi traguardi attivano grandi idee; piccoli traguardi aprono piccoli cassetti. Prova tu stesso. Quali idee ti vengono in mente alla domanda: «Che cosa debbo fare, per guadagnare 10% in più in un anno? E che verrebbe fuori, se la domanda fosse: «Che cosa dovrei fare per raddoppiare in un anno quanto guadagno attualmente?» Pensa a questo: «*Qualunque cosa sia stata fatta da un uomo prima di te, la puoi realizzare anche tu! Tu hai le stesse possibilità, vivi sulla stessa terra e sei condizionato dalle stesse leggi universali*».

„Sii grato"

«ignoto»

Sii grato per tutto quello che hai, per la tua salute, il tuo sapere, le tue possibilità, il tuo ambiente, i tuoi beni, il tuo lavoro, il tuoi vicini, la tua vita. Hai un desiderio, allora prega l'intelligenza universale, Dio, Gesù, o come tu la preferisca sempre nominare, per il suo esaudimento. E adesso arriva la cosa più importante: *«Ringrazia perché esso è già diventato realtà nel pensiero, perché è così! »*.

Questo risuona per molte persone abbastanza strano e bigotto. Ma non è così. Dal punto di vista della fisica dei quanti è addirittura l'hit-tipp assoluto!

Perché?

Perché il "ringraziare-per-qualcosa" - specialmente nella forma in cui esso è "già sopraggiunto" - non si chiama altrimenti che ancorare già oggi la completa immagine del successo.

E il meglio in questo: *«Ringraziare per qualcosa già portata a compimento è una delle forme più perfette del lasciar andare* - conseguibile dalla fisica dei quanti!

33

„Un sorriso è

la forma più bella

per mostrare i denti agli altri"

«ignoto»

Oppure, come una volta scrisse Arthur Lassen: «Il sorriso è il collegamento più breve tra due persone». S.p.d.a. - Sorridi più degli altri! Con un sorriso in faccia molte cose ci diventano più facili. Anche se oggi forse tu non avessi proprio nessuna voglia di sorridere, *«Sorridi e senti la mirabile efficacia: è come un balsamo per la tua anima».*

Si è scoperto che sorridere mette in azione oltre il 50% in meno di muscoli che non fare una boccaccia seria e severa.

Deciditi: *«Vuoi sentirti male e avvertire crampi maggiori incombenti, oppure vuoi sentirti bene, pieno di forza e motivato? Fa' oggi questa prova: «Sorridi il più sovente possibile. Sorridi alle altre persone e osserva che cosa torna indietro».* Nella maggioranza dei casi raccoglierai un uguale sorriso pieno di amore. E se qualcuno non sa capire la situazione, è un problema suo, non tuo.

„Io amo la compagnia della gente, la gente ama la mia compagnia"

«Hans Peter Zimmermann»

Hai a che fare con le persone? Lavori come responsabile? Il tuo mestiere è vendere? Allora fa questo test. È sorprendente come queste poche parole, se sono ancorate nel profondo, possono cambiare una vita intera!

Quando io pronunciai a voce alta questa frase davanti a me per mesi, più di 300 volte al giorno, tanto che mi sembrava attaccata alla bocca, incominciò a verificarsi una cosa mirabile. Io ero molto più in forma, le persone mi incontravano con maggior apertura, ero il benvenuto e ricevetti appuntamenti con sorprendente facilità, raddoppiai la mia quota di ordinativi e oggi ho una delle più belle e avvincenti professioni del mondo: *«Io posso aiutare le persone a svilupparsi»*.

Solo a motivo di questa frase? Chi lo sa? *«Quello che tu irraggi, si riflette a sua volta di ritorno»*. Decidi tu stesso.

35

„Io lo posso fare... io ce la faccio... io sono il tooop"

«credo autosuggestivi di power»

Ti sei già domandato una volta che cosa succederebbe se i giapponesi ogni mattino non celebrassero le loro urla e i loro saltellii, o come si svolgerebbero le partite delle squadre di rugby se essi non formassero "mucchi selvaggi" e urlassero le loro grida di battaglia? Essi si caricano, si portano alla loro suggestione e si scatenano.

E tu potresti citarmi anche un solo motivo ragionevole, perché questo non dovrebbe funzionare anche con te?

La risposta del perdente suona così: «*Sì, ma io non posso; che cosa direbbero gli altri?*»

La risposta del vincitore: «*Perché no?*».

Prova tu stesso e decidi non appena...

L'esercizio si svolge nel modo seguente: «*Inspira profondamente, sorridi e di' a voce alta e con le braccia sollevate: "Sìììì, io lo posso fare, io me la cavo, io sono il toooop!"*» e il tutto ancora 10 volte. E se tu vuoi ancora aumentare l'efficacia, fallo con l'intero tuo team.

«*Chi siamo noi? Il toooop!*».

„Da ‹yes-butter›

diventa

‹why-notter› "

«*Klaus Kobjoll*»

Molto tempo prima che essi si rivelino davvero e manifestino la loro posizione di fondo, tu li puoi già capire dalle parole! I tipi vincitori dicono: «Perché no?...» e nella loro risposta traspare la possibilità di trovare una via del tutto percorribile. Essi cercano soluzioni.

I perdenti pensano: «*Sì, ma...*» e spesso il loro "ma" sembra una mazzata. Fa' attenzione: le scuse, i pretesti e le obiezioni incominciano (quasi) sempre con un "ma".

Deciditi adesso: «*Vuoi cambiare qualcosa nella tua vita, imboccare una via nuova, raggiungere mete, realizzare desideri e sogni? Oppure vuoi dimostrare perché questo non funziona proprio per te?*

Vuoi avere successo oppure avere ragione?».

Passa anche tu dalla categoria dei "sì, ma"- gli "yes-butter" - a quella dei "perché no" - "why-notter" - : per amore di te stesso, dei tuoi desideri e dei tuoi sogni!

È la più nobile di tutte le pietre. Può essere preparato solamente con la sua propria polvere, non fuso da calore né sciolto da qualche liquido. Solo il più intenso fuoco violento artificiale lo trasforma del tutto in un sedimento senza colore, il quale è lo stesso carbonio sviluppato dal mosto nel passaggio al vino.

Finalmente sono qui – i diamanti grezzi, scoperti, estratti, già svegliati alla vita da mani competenti. Quale prezioso "vincitore" si nasconde così bene sotto una ruvida superficie?

„I perdenti dicono:

io ci provo"

«Franz X. Bühler»

Tu non ci devi tentare, tu devi del tutto semplicemente farlo! Nella parola "tentare" si intravede la scappatoia già aperta: *«Io ci ho tentato e la cosa non è riuscita»* - per poi ritirarsi snervato.

Che cosa non è riuscito? Non è fallito proprio niente! Semplicemente si è giunti ad un risultato che tu non ti aspettavi o che non avresti voluto in questo modo.

Oppure hai proprio detto: *«Questo lo temevo io?»*. Ma fantastico, così ti sei già assicurato in anticipo una aspettativa, come se tu non l'avessi voluta!

Tu non hai bisogno di temere in anticipo proprio nulla, se prendi semplicemente gli esiti per quello che sono: *«Risultati!»*.

I tipi vincitori dicono: *«Io lo faccio!»*. E se il risultato non piace loro, lo rifanno, ma questa volta in modo diverso, perché essi hanno imparato come non va bene. Come si chiama da oggi il tuo motto che ti porta avanti? *«Sì, io lo faccio!»*.

„Non hai tempo per prendere parte ad un seminario, per leggere libri, per aggiornarti?"

«ignoto»

Leggi la storia seguente:
un viandante incontra un boscaiolo che cerca appunto di tagliare un albero. La sua sega è totalmente senza filo ed egli va avanti a malapena. *«Ma affila la lama della sega, così puoi tagliare meglio e andare avanti molto più in fretta»,* considera il viandante. Ma il guardaboschi replica: *«Per questo non ho proprio tempo - io debbo segare...».* Quando, come e con che cosa affili la tua "lama della sega"? Quando ti concedi il tempo di un'ulteriore formazione? Pianifica adesso e fa il primo passo - tu lo sai già, entro 72 ore. Potrebbe essere una telefonata, con la quale ti informi e ti procuri importanti notizie e documentazione, un libro avvincente che ordini, una rivista da sballo che acquisti, un complimento serio che fai a ragion veduta. *Quando, come e con che cosa affili la tua "lama della sega"?.*

40

„La libertà di essere uno svitato"

«ignoto»

Ci preoccupiamo troppo spesso di venire giustificati dalle più varie aspettative degli altri, di comportarci con impegno come deve essere? Allora vorremmo tutti una volta dare i numeri, semplicemente così - senza motivo -, perdere un po' la testa e infrangere le regole inculcateci...

Purtroppo noi ci freniamo spesso con la domanda che distrugge tutto: *«Che cosa avrebbero da dire gli altri di questo?»*. Sai che cosa? *«Per prima cosa molte persone vorrebbero fare lo stesso come noi - e per seconda cosa è del tutto indifferente quello che gli altri dicono e pensano».* Questo è un problema loro. Tu puoi dare i numeri e perdere la testa! Sì, io ti esorto: «Ogni tanto sii uno svitato!» La gente imparerà ad accettarlo. Con il tempo riceverai addirittura il "timbro" invisibile di essere uno svitato. Questo è quanto di meglio ti possa capitare! Da adesso tu puoi goderti la libertà appena conquistata, ogni volta che vuoi, liberamente secondo il motto: *«Che questo svitato faccia qualcosa del genere, è chiaro».* Ad ogni modo io gusto la libertà di essere uno svitato. L'unica cosa a cui devi stare attento: guarda di non danneggiare nessuno! (seminare e raccogliere!)

„Chiedi un consiglio solo quando

sei anche preparato

ad accettarlo"

«Franz X. Bühler»

Molte persone chiedono ad altri un consiglio. Esse cercano in fondo solo di avere la conferma che loro stesse hanno fatto giusto o addirittura meglio.

Questo è come se tu volessi semplicemente versare altro vino in un bicchiere pieno e traboccante da tempo. Dimenticalo! Non può accogliere nulla.

Prima che tu chieda un consiglio, interrogati: *«Sono aperto e seriamente interessato ad accettarlo ed a cambiare qualcosa?»*.

Svuota il tuo bicchiere con le opinioni imbottigliate e preparalo per nuovi contenuti.

È grande non chi ritiene di potere tutto egli stesso. È grande chi sa di avere egli stesso "debolezze" come tutti gli altri ed è disposto ad imparare da esse. Ed è ancora più grande chi sa che egli stesso nel suo più forte settore può ancora imparare da altri ed è seriamente disposto a farlo.

„Che cos'è più importante,

sapere molto oppure

capirlo e vivere?"

Appartieni anche tu ai cercatori e raccoglitori impazienti? alle persone che piene di speranza divorano libri, trangugiano seminari dopo seminari, superano corsi di formazione, raccolgono di continuo consigli, sempre nella speranza di sciogliere finalmente il loro grande nodo? Io scommetto che tu hai già trovato da tempo la risposta - in te! Io conosco un'infinità di uomini che dispongono di un sapere profondo ed esteso da fare impressione. Purtroppo essi lo hanno solo in testa e non nel cuore. Essi hanno sì immagazzinato, ma non hanno capito. E quando essi finalmente lo hanno capito, sono subito avanti di un passo, quello che si chiama *«vivere»!* Sapere come qualcosa funziona, non serve proprio a niente. Tu devi costruirtelo nella tua vita affascinante; esso deve diventare una parte di te e cogestire ogni giorno la tua esistenza. In questo ti possono aiutare le domande seguenti: *«Che cosa significa per me questo sapere? Come e dove posso portarlo ad effetto nella mia vita? Quale è il suo significato più recondito e profondo?»*.

II.

Il più grande supermercato per progetti, mete, desideri e sogni

„*Sogna la tua vita,*

vivi il tuo sogno"

«*ignoto*»

Per condurre però la tua vita da sogno, prima di tutto devi sognarla una volta; per questo la si chiama "vita da sogno!" Quando hai sognato l'ultima volta? Non nella notte, no; io intendo "sognato di giorno", sospeso al settimo cielo, con il tuo mondo ricoperto di rosso rosato e di blu cielo?

Tu dovresti sognare molto più spesso. Là si nascondono molte più risorse piene di forza di quanto tu possa credere.

Questa sera stessa metti un pezzo di musica distensivo e siediti comodo. Chiudi gli occhi e immaginati tutto quello che vorresti fare, se non dipendesse dal denaro, se la tua esistenza fosse del tutto assicurata e tu potessi vivere con gli interessi della banca. Il tuo giro del mondo ardentemente desiderato è già alle tue spalle e tu desidereresti solamente più trovare divertimento e piacere in quello che stai facendo adesso. Che cosa faresti?

46

„I più grande supermercato?

L'universo!"

«Bärbel Moor»

Esiste solo un "grande magazzino" nel quale tu puoi ordinare veramente tutto quello che ti puoi augurare: «L'universo!». Là puoi ordinare quello che il tuo cuore desidera ardentemente e, se fai in modo giusto, viene addirittura consegnato.

Però dovresti assolutamente stare attento ad una sola cosa: «*Un ordinativo deve essere chiaro e univoco, altrimenti risulta difficile per i diligenti esseri delle spedizioni inviarti il giusto*».

A loro non interessa neppure quello che non vorresti; vogliono solo sapere quello che tu vorresti!

«*Ma questo è chiaro*», non credi? Allora ascolta una volta le persone quando "fanno gli ordini". La maggior parte racconta sempre solo quello che non vuole. Non vuole debiti, né bambini disobbedienti, né quei lavoretti di merda, né un uomo cattivo, né una segretaria negligente, né clienti che pagano male. Essi ordinano quindi in modo preciso quello che non desiderano. Se tu sai esattamente quello che vuoi, scrivilo e "mandalo" via. Per cortesia, però, affranca in modo sufficiente, perchè arrivi veramente. Affrancare? Alimentare con sentimenti quali piacere ed entusiasmo!

47

„*Fare ordini nell'universo -*

Lezione 2"

«Franz X. Bühler»

Va da sé che per precauzione puoi consegnare il tuo ordinativo parecchie volte. Questo non dovrebbe essere necessario, se fin dall'inizio hai "incollato" un francobollo sufficiente sulla lettera! Bisogna ordinare ogni giorno in modo continuativo; è come se tu continuassi a portare in giro il tuo ordinativo ma non lo volessi inviare mai! Lasciar andare è la parola magica. Riassumiamo brevemente:

1. il tuo ordinativo deve essere formulato in modo giusto.
2. Esso ha bisogno di affrancatura sufficiente (power, grinta, piacere, entusiasmo, motivazione).
3. Immaginati che cosa sembrerebbe se tu stesso ricevessi la consegna.
4. Lascia perdere, dimentica l'ordinativo, tu hai già abbastanza da fare per costruire la rampa di consegna (sforzati di raggiungere la tua meta, lavora per te, alle tue risonanze e ai tuoi programmi).

„Un desiderio solo

non basta"

«Franz X. Bühler»

Deve essere profonda dentro di te l'esigenza ardente di cambiare qualcosa. La forza motrice viene come sempre dal tuo inconscio. Non basta desiderare semplicemente che il tuo inconscio suoni un'altra melodia. Prima di tutto devi mettere un altro CD e incominciare a pensare e ad agire così!
Non è sufficiente voler diventare ricco: devi cambiare il tuo comportamento per diventare ricco. Non basta voler essere intelligente e istruito: devi incominciare a formarti ulteriormente, a leggere ed a frequentare corsi.
Non basta voler essere affettuoso: devi incominciare a pensare in modo amoroso, ad amare te stesso, a scoprire nelle altre persone i valori dell'amore.
Il tuo desiderio è il seme.
Tu stesso devi curarlo e farlo crescere.

„La qualità delle tue mete

determina la qualità

del tuo futuro"

Hai delle mete piccole, appena degne di considerazione? Oppure sei stato disilluso nel frattempo da strategie di successo assolutamente sicure, senza forza e senza nerbo, che sembrano comunque funzionare solo negli altri? Peccato, perché ti assicuro che perdi qualcosa di bellissimo e di eccitantissimo nella vita: «*Il porsi e il raggiungere traguardi personali e sensazioni indescrivibilmente belle ad essi collegate*».
Ti ricordi quando imparavi a correre, ai tuoi primi zigzaganti e goffi passi, che di giorno in giorno sono diventati più lunghi e sicuri?
La stessa cosa è con le mete. Incomincia dalle piccole. Rifletti prima in quale direzione di sogno ti devono condurre - e poi esèrcitati, esèrcitati ed esèrcitati! Le mete sono campioni di risonanza che tu memorizzi nel tuo subconscio. Se hai piccole mete, succedono piccole cose. Se hai grandi mete, possono accadere grandi cose. Tutto è così semplice! Ma tu lo devi "fare"!

„*Progetti, mete?*

Prima perchè,

poi come e con che cosa"

«*ignoto*»

Tu vuoi affrontare qualcosa e realizzare, hai progetti, desideri, sogni e mete? Bene!
Allora domandati per primo: «*Perché? Perché vuoi che la cosa ti riesca? Che te ne viene? Quale sentimento nasce quando ti immagini che la cosa sia già riuscita?*».
La frase dopo il "Perché?" ti mostra quanto sia già forte oggi la tua motivazione per raggiungere questo traguardo. Essa è la forza insostituibile di cui tu hai bisogno lungo il tuo entusiasmante cammino. Qualche volta ti imbatti in pietre d'inciampo e in altri ostacoli. Allora hai bisogno della forza della motivazione per procedere verso la meta.
La motivazione ha una delle sue radici nelle risposte a quel "Perché"! Solo quando tu sai in modo definitivo e chiaro perchè questa meta è così importante, allora poniti le domande: «*Come e con che cosa arrivi sicuramente alla meta?*».

„Sei anche tu

Mister o Miss 95%?"

«Franz X. Bühler»

Quando ero ancora attivo nella vendita di strumenti elettronici molto complessi di misurazione, avvenne qualcosa del tutto particolare. In qualunque modo il mio capo stabilisse il mio budget, *«Io raggiungevo sempre il 95%»!* Questo mi diede da pensare. Oggi so che erano la fiducia e la coscienza di me stesso che mi conducevano solo alle prestazioni che si trovavano appena sotto il mio traguardo. Io stesso non mi sentivo abbastanza abile a raggiungere il 100%. Io non ancora...!?

Da quando ho capito questo, ho fissato i miei traguardi in modo che il 95% fosse ancor sempre superiore almeno del 20% al risultato dell'anno precedente e pianificavo con cura come raggiungerlo veramente. Così le mie prestazioni crescevano in modo costante. E ciò che è molto importante: *«Io imparai ad avere piacere anche al 95%, perché il risultato è egualmente prezioso - e io pure»!* Ogni tanto bisogna farsi un po' di beffe del programma e già va molto meglio.

„La ruota del successo,

il tuo programmatore di mete"

«derivato da un mulino di preghiera del Tibet tramite Franz X. Bühler»

Hai una meta, un desiderio, un sogno? Bene. Allora adesso scrivi tutto quello di cui già oggi disponi e quello con cui puoi contribuire attivamente: *«Capacità, ambiente, conoscenze, caratteristiche, denaro, partner, persone, libri, meeting, training, dispositivi, ecc.»*.

Adesso disegna una ruota con un grosso mozzo al centro. Dentro il mozzo scrivi la tua meta. I raggi sono le caratteristiche, le capacità, ecc. scritte sopra. Dipingi in modo veramente sfacciato e sgargiante. Più è vario e chiassoso, meglio è! Poi incolla la ruota su di un pezzo di cartone, ritagliala e monta al suo centro una piccola onda. Adesso appendila in un posto qualunque, in modo che si possa farla girare senza problemi. Fa' il tutto tranquillamente, alla buona, osserva con concentrazione la tua ruota molto vivace e dileguati con essa nel magico mondo dei tuoi desideri. Se tu adesso suoni ancora la tua musica preferita o se canti, il tuo programmatore di mete si approfondisce in modo ancor più intensivo nel tuo subconscio!

III.

Strumenti di successo - in modo facile, semplice ed efficace

„*Successo è quello che avviene quando si segue se stessi*"

«Klaus Kobjoll»

Conosci la storia del giovane gatto che eccitato inseguiva la sua coda e girava sempre in cerchio? Un giorno capitò un gatto più anziano e domandò: *«Ma che cosa fai tu lì?».* Il giovane disse: *«Sai, io frequentavo la scuola di filosofia dei gatti e abbiamo imparato che per noi gatti la felicità e il successo stanno nella coda. Quindi, se io inseguo abbastanza a lungo la mia coda, un giorno afferrerò la mia fortuna».* Rispose il gatto più anziano: *«Questo è interessante. Io non sono andato a nessuna scuola di questo tipo, ma ho notato che la mia fortuna mi segue quando vado diritto in direzione dei miei sogni!».*
La morale della storia:
«Tu non hai bisogno di inseguire la tua fortuna e il tuo successo. Fa' al meglio quello che puoi fare, quello che sogni; segui il tuo animo; va' pieno di fiducia in direzione dei tuoi desideri, sogni e mete; e fortuna e successo ti seguiranno!».

„Una ricetta

per risultati"

«Franz X. Bühler»

- disattiva le tue risonanze fuorvianti…
  *(distenditi, chiudi i tuoi cassetti
  di ogni giorno…)*
- attiva il tuo power
  (eleva il tuo umore, la tua energia…)
- attiva le tue risonanze verso la meta…
  *(richiama alla memoria le rappresentazioni delle
  tue mete…)*
- concentrati pienamente e interamente
  *(fa' solo quanto è ora per te importante,
  con cui vuoi procedere…)*
- ogni 60 minuti inserisci una fase di lasciar andare
  di 10 minuti
  *(alzati, fa' qualcosa d'altro, gustati
  un tè o un caffé o un bicchiere d'acqua).*

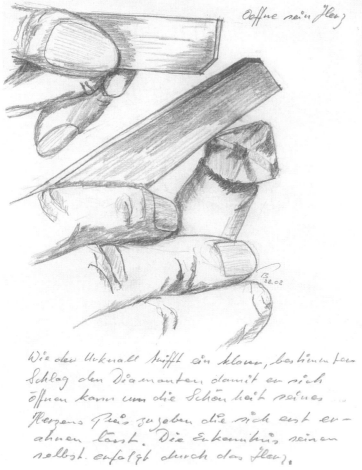

Offne sein Herz

Wie der Urknall trifft ein klarer, bestimmter
Schlag den Diamanten, damit er sich
öffnen kann um die Schönheit seines
Herzens Preis zugeben die sich erst er-
ahnen lässt. Die Erkenntnis seiner
selbst erfolgt durch das Herz.

Così come il colpo iniziale, un chiaro determinato colpo trova il diamante, in modo che esso possa aprirsi e dare come premio la bellezza del suo cuore, lasciata dapprima solo intuire.

Adesso si va passo per passo - scalino per scalino - secondo un progetto preciso che ha dato buona prova nel "portare alla luce con successo" il prezioso tesoro.

„I 7 gradini per il successo"

«Franz X. Bühler»

Chi non cerca la ricetta efficacissima che assecondi realmente tutti i progetti della vita, dall'amore alla partnership, dagli affari al denaro? Adesso tu l'hai trovata! Io ti garantisco: *«Se tu ti attieni ad essa passo per passo, festeggerai successi che anche solo ieri ti parevano irraggiungibili»*. Però ti avverto:
«Solo con la lettura e con la conoscenza non succede ancora proprio niente: tu devi "cuocerla"!».

E la ricetta funziona così…

1. L'analisi dell'È	dove sei?
2. Il traguardo	dove vuoi andare?
3. Il progetto	come ci arrivi?
4. Il training	di che cosa hai ancora bisogno?
5. I lavori	dal sapere al FARE!
6. Il controllo	a che punto del cammino mi trovo?
7. Il lasciar andare	disinserire quanto impedisce il successo.

„I 7 gradini per il successo

oggi: *l'analisi dell'È"*

Domanda: come fai a progettare la tua navigazione a vela se non sai in quale porto preciso la tua nave è attraccata? Come vuoi fissare il tuo corso di successi se non sai esattamente dove ti trovi? Scòrdatelo, tu non hai nessuna possibilità! Ogni passo ti può portare più vicino oppure più lontano dal traguardo. Schiettamente e semplicemente, tu non lo sai!

La domanda chiave suona così: *«Dove ti trovi esattamente? Finanziariamente? Familiarmente? Professionalmente? Con quali attitudini? Tiri regolarmente i tuoi freni mentali? Ti poni regolarmente delle mete quotidiane che ti conducono ai tuoi traguardi entusiasmanti? Lavori volentieri? Puoi lasciar andare? Sei sovente arrabbiato, invidioso? Ti preoccupi? Hai abbastanza spesso paura di fronte al futuro? Sei schietto, perseverante, disciplinato, pieno di gioia di vivere e di entusiasmo? Pensi positivo e orientato alla meta? Ti decidi volentieri e velocemente? Dormi sempre abbastanza? Ti puoi concentrare al meglio? Ti fidi di te stesso e degli altri? Sei un talento organizzativo, amorevole, equilibrato, sano?».* Amplia l'elenco delle domande in rapporto alle tue mete!

„I 7 gradini per il successo

oggi: la mia meta / le mie mete"

Dal momento che sai in quale porto è attraccata la nave della tua vita, puoi procedere oltre. Adesso ti devi chiedere: «*Dove ti deve portare il viaggio? Che cosa vuoi esattamente? Che cosa vuoi raggiungere? Quale è il tuo traguardo?*». Nel capitolo "SMART" apprenderai di più sulla formulazione delle mete, in modo che le tue chance arrivino al massimo!

E allora fa' subito adesso qualcosa per la tua motivazione. Essa è il fuoco che devi continuamente ravvivare, in modo da avere lungo la strada la forza di sfidare anche tempeste violente! E immaginati l'aspetto che avrà poi, quando sarai arrivato alla tua meta. E molto importante: «*Guarda te stesso in questo film! Chi condividerà con te questo piacere? Da che cosa riconosci di avere raggiunto la meta? Come ti sembra? Che cosa senti quando gli altri parlano con te?*». Avverti già adesso il piacere di avere raggiunto la tua meta! Quanto grandi debbono essere le mete? È semplicissimo: «Proponiti grandi mete, perchè là c'è molto power!». Le piccole le perdiamo spesso di vista molto facilmente, quando affiorano i primi ostacoli. Suddividi la tua meta in molte piccole tappe. Regola empirica: «*Le mete intermedie le devi poter raggiungere entro tre giorni*».

„I 7 gradini per il successo

oggi: pianificare"

Adesso che sai in quale porto è attraccato il tuo yacht, incomincia a ribollire in te la brama della lontananza e, nella misura in cui la nave della tua vita viene armata, sorge già il duello successivo: «La tua motivazione contro la tua inerzia!». Tutto deve essere così? Non va in modo più semplice? Adesso vuoi o no? Vuoi? Ok, quindi adesso si va alla pianificazione. Per questo ti aiutano le seguenti domande: *«Di che cosa hai ancora bisogno per arrivare alla tua meta? Materiali? Sapere? Relazioni? Capacità? Dispositivi? ecc. Come e con che cosa precisamente pensi di arrivarvi? Che cosa ti potrebbe aiutare a raggiungere più velocemente il tuo meraviglioso traguardo? Quali attività ti portano ogni giorno un passo più vicino ai tuoi scopi? Che cosa e quando? - Di quale importanza? (elenco delle priorità). Chi devi ancora contattare in questa circostanza? Che cosa devi ancora sapere per attuare con cura la tua pianificazione? Quali traguardi intermedi vuoi raggiungere? Con che cosa ti ricompensi al raggiungimento di queste mete intermedie e della meta finale?»*. La cosa migliore è scriverlo sul tuo computer da viaggio. Su ogni pagina scrivi in alto una delle domande (che abbiamo visto prima) e poi: *«Avanti e buon divertimento!»*.

„I 7 gradini per il successo

oggi: *fare training*"

Se la tua meta è così grande da sembrarti ancor oggi una montagna insormontabile, probabilmente hai bisogno ancora di qualche abilità che deve essere esercitata. Andresti a fare un giro sull'Himalaya senza avere superato prima percorsi equivalenti più leggeri come esercizio? O no?

Perciò: «*Che cosa devi ancora acquisire, sapere, potere, per raggiungere con sicurezza la tua meta e per avere disponibili tali abilità quando ne avrai bisogno lungo il cammino?*

Di quali convinzioni hai bisogno per tener duro in modo disciplinato e quali suggestioni ti aiutano nel caso?».

C'è un elenco? Avanti, allora! Io mi congratulo con te perché hai superato un ulteriore ostacolo per guidare la tua nave con sicurezza, anche attraverso violenti tempeste, verso il lodato porto della meta. Perché il tuo impegnativo training ti diverta ancora di più, trovi qui una ulteriore idea per rendere l'incentivo irresistibile, addirittura magnetico: «*Esegui un collage della meta con illustrazioni riguardanti il tuo entusiasmante traguardo. Scrivici sopra il titolo corrispondente della meta e butta lo sguardo molto brevemente un paio di volte al giorno!*»

„I 7 gradini per il successo

oggi: lavorare"

Quello che viene adesso, deve avvenire. Così come la strada appartiene alla meta; a volte gravoso, a volte motivante, a volte canterellando, a volte trascinando, strisciando, barcollando o arrampicandoti a stento.

Adesso si chiama lavorare, cambiare posto, mettere in pratica la tua visione della vita e passo passo percorrere di conseguenza il tuo cammino!

Come già sai, è di grandissimo aiuto dividere il tuo viaggio in piccoli passi. Passi che puoi fare entro tre giorni, o in un tempo ancora più breve. Perché? Perché ad ogni passo portato a termine la tua motivazione cresce. Essa è il fuoco che ti riscalda lungo il cammino, se arriva il gelo; è la tua centrale elettrica, se una volta il tuo power minaccia di spegnersi.

Un ulteriore fondato motivo per non pianificare rigidi gradini di tempo: *«Frenare determinazioni fisse di tempi, limitarle e impedire che tu davvero possa lasciar perdere. Esse smontano la tua motivazione se una volta non sei "in time". È meglio riprendere veramente quota senza rigidi gradini di tempo ma totalmente motivato e pieno di dinamismo».* Spesso in questo modo raggiungi grandi mete in un terzo del tempo previsto!

64

„I 7 gradini per il successo

oggi: controllare e ricompensare"

Sapevi che solo circa il 3% delle persone si dichiarano veramente di successo? Tu finora ce l'hai fatta. Questo dimostra: *«Tu hai gli strumenti per appartenere a quel 3%»*. Un cordiale benvenuto sul tuo prossimo gradino di successo!

In questa pagina devi fare subito la conoscenza con due importanti strumenti. Il primo è il tuo importante strumento di navigazione; il secondo - sorpresa! - è per così dire la tua dinamite psicologica!

Sul primo...

Le tue mete intermedie, come pure la meta finale, devono essere chiaramente controllabili e misurabili! La domanda, che in questo caso ti può aiutare, è: *«Da che cosa riconosci che tu sei di nuovo andato un passo più avanti, hai risolto il compito successivo lungo il cammino oppure sei già arrivato al traguardo?»*.

Controlla quotidianamente a che punto del cammino ti trovi.

Il secondo - la tua dinamite...

Ricompènsati per ogni gradino più grande raggiunto (pensa ai 3 compiti giornalieri!) e stabilisci le ricompense già oggi. Così il tuo inconscio lavora da ricompensa a ricompensa. Provalo e ti meraviglierai!

„I 7 gradini per il successo

oggi: lasciar andare"

«Tu devi proprio semplicemente lasciar andare...»,
risuona il cosiddetto consiglio spesso stereotipato.
Purtroppo questo è quasi sempre un ulteriore "schiaffo"
nel senso più vero della parola.
*«Come se io non lo sapessi da me! - Come posso io
lasciar andare se i debiti mi opprimono e i creditori
ogni giorno dolorosamente me lo ricordano? Come
posso lasciar andare e guarire se la malattia mi rende
tuttora ogni giorno debole e senza energia? Come
posso lasciar perdere una meta se mi dirigo verso di
essa con piena energia e addirittura la devo misurare
ancora ogni giorno?*
*Avresti dovuto lasciar andare appena arrivato; nel
pensiero saresti già giunto alla meta! Considera il tuo
ordinativo perso nell'universo e dimenticalo - fino alla
prossima volta! Conquistare qualcosa lottando e
volerlo a tutti i costi si chiama bloccarsi e trattenerlo».*
Tu sei egualmente ok anche se hai raggiunto la meta
solo al 90% - e se essa era grande abbastanza, tu sei
ancor sempre davanti a tutti gli altri.
Proprio così si trattava con questo libro. Ogni pagina
era un passo ulteriore, un piccolo successo!
Altre idee sul "lasciar andare" le trovi a pagina 157.

„*controllare le mete*

secondo SMART"

«Tad James»

La formula "SMART" di Tad James è semplicemente e genialmente facile per controllare mete, desideri e sogni. Ad essa dedica subito una parte del tuo tempo. È uno degli investimenti più redditizi e si ripaga 10, 100 volte!

S = Specifico e chiaro... *(come riconosci che la meta è raggiunta?)*

M = Misurabile... *(come e da che cosa riconosci che ti avvicini alla meta, che sei arrivato alla meta?)*

A = All'inizio come se... *(formula la tua meta come se fosse già raggiunta)*

R = Realisticamente... *(la tua ragione deve poter credere che la realizzazione è possibile)*

T = Timeless... *(progetta per quanto possibile solo gradini di successo, invece di gradini fissi temporali).*

„only what you measure

get's improved"

«Patrick T. Robson – direttore generale di una società di noleggio di apparecchi di misurazione»

Solamente quello che misuri lo puoi veramente migliorare. Se non controlli regolarmente e con attenzione dove precisamente ti trovi, non riconosci se stai deviando dal percorso. Sì, nasce spesso addirittura un effetto secondario che frena e intralcia il successo: *«Presto ti mancherà la motivazione, lo stimolante fuoco interno, in modo che non riconosci che la tua meta ogni giorno si allontana un po'!»*.

Misurare è in assoluto uno dei più importanti fattori di successo! Ogni pilota responsabile controlla costantemente la sua rotta. Se va alla deriva a causa del vento laterale, egli interviene correggendo. A nessun pilota del mondo verrebbe in mente di continuare a volare testardamente e di atterrare nell'orario stabilito, ci sia o non ci sia una pista di atterraggio.

Risultato: *«Misurare ti dà la possibilità di riconoscere e in caso di necessità di correggere – e produce un incalcolabile e quindi impagabile effetto accessorio: forza, motivazione e un ardente desiderio!»*.

„Quando le cose minacciano

di crescerti sulla testa"

«associato e dissociato – un riconoscimento della NLP»

Il seguente esercizio ti può aiutare con efficacia. Chiudi i tuoi occhi e prendi un problema opprimente dal tuo schermo, il tuo cinema interno. Adesso entra direttamente dentro il gravoso film e rivivilo in tutti i dettagli spiacevoli e le sfaccettature nel pensiero - del tutto realmente - ancora una volta. Quindi batti le mani fragorosamente ed energicamente e abbandona in questo momento fulmineamente il film. Da spettatore diventa osservatore! Immaginati di essere un uccello o una mosca che guarda se stessa dalla distanza di 5 o 10 metri di distanza. Molto importante è: *«Vedi te stesso in questa foto!»*.

Cambia ora la luminosità, la luce di questa foto in modo che il tuo sentimento nell'osservare diventi sempre più neutrale e piacevole. Questo è molto facile, perché tu sei il regista dei tuoi film, della tua vita.

E adesso poniti la seguente domanda:

«Come può questo uomo (tu),che proprio adesso stai guardando, risolvere il suo problema?».

IV.

Conoscenze vere e adeguate tutti i giorni

„Che cosa è veramente

il pensiero positivo

«Franz X. Bühler»

Domanda ad altre persone che cosa intendono per "pensiero positivo" e la risposta di base è quasi sempre su abbellimenti di vicende e sul mettersi gli occhiali di colore rosa, francamente secondo la massima: *«Dai, guarda, il tutto ha anche un aspetto positivo; tu devi soltanto pensare positivamente e così quanto avviene è già bene»*. Falso!

Questo è pensiero positivo nel senso di "valutare"; ti può trasmettere al momento un sentimento migliore, ma si limita per lo più alla rimozione forzata e fa ammalare. Tu non risolvi nessun problema se lo rimuovi o lo mascheri!

Questo sembra al primo sguardo contraddire il principio di Huna: *"il-tuo- mondo-è-quello-che-tu-pensi-di-esso"*. Invece non lo fa.

Il vero pensiero positivo è quello finalizzato! Tu pensi a ciò che vuoi veramente. Nel caso di una meta, di un desiderio o di un sogno, tu pensi con una opinione: *"io-desidererei-averla-così"*, e non quello che tu non vuoi. Come la pensi tu? Pensa, ed essa è.

„Il tuo ambiente plasma in modo

sostanziale il tuo futuro"

«Franz X. Bühler»

Sì, ancor di più, addirittura il tuo ambiente contiene grandi chance di diventare il tuo futuro. Oggi tu sei quello che sei, a motivo delle tue predisposizioni genetiche, dell'educazione, delle tue esperienze ed avventure, della scuola, della scelta dei media, degli aggiornamenti culturali, dei libri, di radio e televisione, della cultura in cui sei cresciuto e dell'ambiente in cui sei diventato adulto.

Tutto questo ti ha profondamente plasmato e formato. Se non ti va bene il tuo "oggi", puoi solo cambiarlo scegliendo altri nuovi "input" per il tuo supercomputer, il tuo cervello.

Cambia il tuo ambiente e la tua compagnia, scegli altri media e aggiornamenti. Questo ti conduce ad altre esperienze, ad altre avventure e ad altre persone. Vuoi appartenere ai vincitori? Attorniati di vincitori!

Questo non significa che tu debba rompere con tutti i tuoi vecchi schemi. Scegli in modo intelligente e valuta; e poi percorri la strada in modo conseguente con piacere e tenacia.

73

„io volsi indietro lo sguardo e vidi

che le pietre sul mio cammino erano

diventate la scala al successo"

«Franz X. Bühler»

Certamente, fin quando subisci la pressione di un massiccio problema, non vuoi aver molto da spartire con tali paroloni. Di sicuro, proprio il meraviglioso riconoscimento sopra riportato *(leggilo ancora una volta velocemente e lasciatelo sciogliere sulla lingua…)* ti può procurare davvero in tali momenti il brivido aggiuntivo urgentemente necessario per prendere finalmente il toro per le corna e per affrontare la sfida pieno di forza. Da ogni risultato - alcuni lo chiamano errore - possiamo imparare. Stupido non è chi commette errori; stupido è chi ripete lo stesso errore. Un uomo intelligente ha detto una volta: *«Vuoi raddoppiare il tuo successo? raddoppia la tua quota di errori!»*.
Allora guardati indietro subito adesso e domandati pieno di amore e di saggezza: *«Che cosa è derivato dal tuo più grande errore? Che cosa hai imparato da esso? Che cosa è cambiato in positivo?»*.

„L'entusiasmo è una delle qualità meglio pagate del mondo"

«Franz X. Bühler»

La vita intera è una forma di vendita. Sia che tu educhi, che "venda" un'idea al partner, che voglia rendere gradevole al capo il tuo aumento di retribuzione, che consigli un prodotto ad un cliente, è sempre una "vendita".

Da chi preferiresti acquistare, da un musone di cattivo umore, demotivato, che parla in negativo, o da un venditore motivato, fiero, radioso ed entusiasmante? Compila adesso un tuo elenco con 30 cose che ti entusiasmano, annota, raccogli foto su tutto quello che ti fa piacere e ti diverte. Esse appartengono alle piccole cose di ogni giorno, proprio come i grandi avvenimenti. E poi guarda come ti senti dopo 20 minuti! Entusiàsmati adesso per te, per la vita, per i tuoi compiti, per la tua o il tuo partner; e fa' con entusiasmo tutto quello che affronti. Verrai ripagato mille volte!

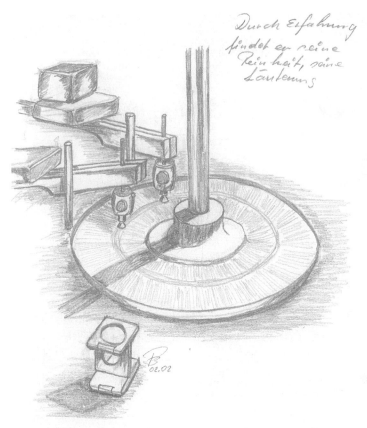

Con un lavoro finissimo, pieno d'amore e perseverante, adesso il diamante viene sfaccettato per liberare sempre di più, ora per ora, il suo nucleo sfavillante e prezioso.

„Come sopra - così sotto;

come dentro - così fuori"

«Hermes»

Come tu pensi, così agisci. Come sembra in te, si configura il tuo mondo, la tua vita intera.

Ci sono cose nella tua vita che desidereresti fossero diverse? Invece di roderti e corroderti, indeciso e furtivo, non è forse meglio avvincere e appassionare, spinto avanti da un eccitante desiderio? Allora tu devi incominciare oggi a pensare e ad agire in altro modo.

La storia vera: *«Là c'era un uomo, il cui ufficio sembrava come la sua testa: completamente caotico! Egli si palleggiava da un'idea, da un pensiero ad un altro, era di continuo lacerato qui e là e non arrivò a nessun vero risultato. Solamente quando incominciò a rimettere ordine, cambiò anche la sua situazione».*

«Fa' ordine all'esterno - e il tuo "interno" seguirà. Fa' ordine all'interno - e il tuo "esterno" seguirà. Non importa da dove incominci, fa' ordine e sarà efficace».

77

„Niente al mondo

è così potente come

un'idea il cui tempo è arrivato"

«ignoto»

Nessun uomo può fermare un'idea, se per essa il tempo è maturo. La domanda è solamente: «*Quando avviene questo?*». Contro-domanda: «*Perché questo è così importante?*».

Hai già avuto talvolta anche tu il sentore di aver precorso il tempo con le tue idee? E per questo motivo hai forse addirittura perso denaro, perché avevi voluto troppo presto mettere qualcosa "davanti agli occhi della gente"? Hai allora smesso e ti sei arrabbiato anni dopo per il fatto che altri erano diventati ricchi con la "tua" idea? Peccato!

A te è sfuggito un unico errore: «*Non hai utilizzato il vantaggio del tempo e volevi ottenere qualcosa a forza!*». Proprio perché tu eri molto in anticipo, avevi tutto il tempo del mondo per lavorare ulteriormente alla tua idea, per prepararla ancor meglio e più perfettamente. Con essa al momento giusto saresti stato tu il celebre vittorioso "naso lungo" - o più ancora!

„Forze o debolezze:

che cosa è più importante?"

«Franz X. Bühler»

La maggior parte degli uomini sono del pazzo parere di poter ottenere successo solo quando avranno eliminato le loro debolezze. Falso!

Di quanta energia hai bisogno per rinforzare anche solo in qualche misura una delle tue debolezze? E quando tu ce l'hai fatta, hai lavorato duro, un'altra debolezza appartiene al passato, ti senti quindi in piena forma e abilitato in questo settore ai campionati del mondo? Appena...

Le forze sono il materiale dal quale vengono intagliati i campioni. Chi vive e potenzia ogni giorno le sue forze, non ha di che preoccuparsi anche materialmente.

Prendi Michael Schumacher. Egli ama guidare l'auto, può farlo e lo fa. Oppure Thomas Gottschalk, che può parlare bene e udire male. Uno dei due deve preoccuparsi dei suoi redditi?

Ci sono delle persone che dispongono proprio di forze che tu indicheresti per te stesso come debolezze.

Trovale, delega questi compiti e fa' quello in cui tu sei forte!

„Decidere è

una delle capacità fondamentali

degli uomini di successo"

«Franz X. Bühler»

Che tu voglia o no: *«Prima o poi devi deciderti in tutte le cose, altrimenti altri lo faranno per te».* Desidereresti questo?

Immagina di stare davanti ad un cartello di indicazioni stradali e di non essere ancora del tutto sicuro sulla strada giusta da percorrere. Allora raccogli insieme tutti i dati, valuta e decidi! Comunque tu abbia deciso, tutte le strade portano alla meta. Una di queste, forse, attraverso una deviazione accidentata, da cui puoi subito raccogliere ulteriori preziose esperienze che sicuramente ti saranno utili più tardi, perché le esperienze sono i tesori delle persone di successo!

Chi non si decide rimane davanti al cartello e là si trova ancor oggi… (*smile)

A quelli che decidono e non ai dubbiosi appartiene il mondo! Predeterminazione: *«La prossima volta al ristorante decido entro 30 secondi che cosa voglio mangiare!».*

80

„Se gli altri uomini fossero ambasciatori e specchi"

«Franz X. Bühler»

Ambasciatori e specchi, questo è un vaniloquio puramente esoterico, o no? Sicuro? La scienza della fisica dimostra oggi chiaramente: *«Tutto è una forma di energia, di vibrazione»*. In te può non risuonare nulla, se non è disponibile un diapason adeguato.

La maggior parte degli esoterici, tuttavia, ritiene che l'altro sia il tuo specchio assoluto e quindi un chiaro ambasciatore di come sei tu, di ciò che sono i tuoi problemi. Falso! La maggior parte delle "cose" che tu, grazie agli altri uomini, scopri in te, sono spesso solamente un semplice avviso per uno dei tuoi cassetti di pensiero. Essi mostrano che tu in qualche posto hai memorizzato un'esperienza che ancor oggi colleghi con un sentimento sgradito - e che questo cassetto è ancor sempre attivo. That's it!

Questo modo di vedere diventa prezioso se tu puoi accettare il seguente aperto punto di vista:

«Se le altre persone sono ambasciatori e specchi di me stesso, dei miei "diapason" interni, io sono riconoscente a chiunque "mi fa arrabbiare". Egli mi aiuta a scoprire e a sviluppare me stesso. Grazie! ».

81

„È vecchio chi ha

più piacere nel passato

che nel futuro"

«J. Knittel»

«Per diventare vecchio, non occorre avere principi» (Börne). *«Da che cosa si riconosce che si diventa vecchi? Quando si smette di sperare e si incomincia a ricordare» (Sanders). «Niente fa diventare vecchi più in fretta del pensiero sempre in mente che si diventa più vecchi»* (Lichtenberg). Che cosa credi tu: l'età è un problema di anni o del tuo modo di vedere? È un problema di aspetto o di fuoco interiore? Conosci anche tu delle persone che a 30 anni sono già vecchie, il cui fuoco della passione è spento, che si sentono e hanno l'aspetto vecchio e grigio, quanto si vedono essi stessi nella vita quotidiana? L'opinione appropriata di molti è: «Si è tanto vecchi quanto ci si sente». Giusto! Tu come ti senti vecchio? Qualunque sia la tua risposta, non è mai troppo tardi! Decidi adesso di essere e di rimanere giovane e vitale nello spirito; rifletti su come puoi trasformarti da oggi - e il tuo corpo ti seguirà!

„La buona notizia:

tu hai sempre ragione"

«Franz X. Bühler»

Tu pensi: «*Io ho il partner più caro e il migliore al mondo, la miglior partner del mondo?*». Hai ragione! Tu pensi: «*È difficile partire con un affare fiorente durante una recessione*». Hai ragione! Tu pensi: «*Anche in una recessione le idee fantastiche hanno grandi chance*». Hai ragione! Tu pensi: «*Nel mio lavoro si può a malapena guadagnare più denaro! È sempre scarso per vivere*». Hai ragione! Tu pensi: «*Gente, io mi trovo in una situazione super-felice. Ho un buon lavoro, posso raccogliere esperienze preziose e ho ancora il tempo per aggiornare la mia preparazione*». Hai ragione! Tu hai sempre ragione! Il mondo, il tuo mondo, è quello che tu pensi da parte tua. Comunque tu pensi, ti si riconoscerà d'avere sempre ragione! Sei d'accordo con questa riflessione? «*Riflettici!*».

„*Successo è*"

«Bessie A. Stanley»

«Ha ottenuto successo colui che…
è vissuto bene, ha riso sovente e amato molto;
si è guadagnato il rispetto delle persone intelligenti e
l'amore dei bambini;
ha trovato un vuoto e lo ha riempito con la vita,
svolgendo così il suo compito.
O per mezzo di bei fiori, da lui coltivati, o
con una poesia portata a termine o con un'anima
salvata; a lui non è mai mancata la riconoscenza e
ha saputo valorizzare la bellezza del nostro pianeta e
non ha mai trascurato di esprimerlo chiaramente;
ha sempre visto il meglio negli altri e
ha dato continuamente il suo meglio;
la sua vita era un'ispirazione e
il suo ricordo una benedizione».

„Catastrofi sono chance"

«ignoto»

L'11 settembre 2001 è stata una catastrofe. È stata però anche una chance: aiutare persone che potevano muoversi con difficoltà con un semplice ed efficace esercizio di NLP. Era la chance di organizzare il traffico aereo in modo ancor più sicuro. Era la chance di riesaminare aziende e differenziarle in modo tale da essere meno soggette a singoli rischi. Era la chance per molti uomini di stare accanto ad altri, di andare più vicino ad altri (finalmente), di sentire come è importante non essere soli, amare ed essere amati.
In quale "catastrofe" ti sei cacciato tu?
E quali chance si nascondono dietro? Che cosa fai tu stesso a questo riguardo? Quali decisioni prendi? Insieme con chi le puoi padroneggiare?

„*Tutti debbono essere*

per te e per le tue idee?"

«Franz X. Bühler»

Questo è un segno infallibile di carente fiducia in se stessi, di compromessa autocoscienza e di ancor minore autostima! Giudizio duro? Può essere; tuttavia, tutto quello che tu pianifichi con cura, affronti con risolutezza e percorri conseguentemente, incontra sempre tre tipi di reazione:

«Quelli che sono contrari e non lo utilizzeranno; quelli che sono ancora insicuri ma che pur tuttavia alla fine non decideranno; e quelli che sono favorevoli e lo vogliono veramente e perfino lo appoggiano».

Tu non riuscirai mai a far concordare tutti con le tue idee! Dimenticalo, dipende proprio solo da te, se ti tieni lontano dalle tue idee fantastiche ed entusiasmanti, perché tu desideri ardentemente il riconoscimento.

Ma tu potresti anche affrontare in modo aperto e mirato, perché tu sei cosciente del tuo potere e del valore della tua idea, perché hai la fiducia profonda di riuscire e la coscienza di preparare per alcuni altri - e soprattutto per te - un grande piacere e una profonda soddisfazione interiore!

„Decisivo non è

quello che sei,

ma quello che ne fai"

«*ignoto*»

Non correre continuamente dietro a quello che tu desidereresti essere, solo perché fa impressione sugli altri. Analizza quello che tu stesso sei e quello che puoi fare, quelle che sono le tue forze assolute; e di conseguenza fa' il meglio con quanto hai.

Un uomo paralizzato su di una sedia a rotelle potrebbe gemere e lamentarsi, potrebbe commiserarsi e tutti lo comprenderebbero. Gli servirebbe a qualcosa? Lo renderebbe più felice? Gli darebbe la sensazione di riuscire   utile e prezioso?

Egli, però, può concentrarsi sulla sua fenomenale forza di tener duro, sulla sua indistruttibile auto-motivazione, sulle sue brillanti capacità di pensiero e diventare di conseguenza uno dei più amati e migliori trainer di motivazioni. Egli sa, come si dice, tirar fuori dalle cose disponibili il meglio assoluto. Lo si comprerà da lui. *Come 'paralizzi' te stesso? Che cosa sai fare di super buono e a chi potrebbe essere utile questo?*

„Non incominciare

con un grande proposito

ma con un piccolo fatto"

«proverbio»

«La strada per l'inferno è lastricata di buoni propositi», mi ha detto una volta il mio principale, quando volevo dargli ad intendere quello che mi ero prefisso per il prossimo anno. Io ero offeso. *«Sì, allora lui non mi crede?»*.

Solo molto più tardi compresi quello che intendeva lui. Effettivamente noi ci proponiamo così tanto. Con il proposito, però, non cambia quasi niente; esso si culla nell'ingannevole sicurezza di provocare un cambiamento, solo perché noi abbiamo ammesso qualcosa!

Tu lo sai meglio! Un proposito ha la chance di diventare la tua realtà se porti a compimento un piccolo fatto e fai il primo passo! Che cosa ti sei già ripromesso da molto tempo e non hai ancora affrontato?

V.

I tuoi pensieri -
la tua miniera d'oro

„Del seminare e del raccogliere"

«legge base dell'universo»

A nessun agricoltore ragionevole viene in mente di raccogliere rosse e succose fragole in un campo nel quale egli in primavera ha seminato amorevolmente il mais. Egli raccoglie sempre solo mais duro e giallo.

Ciascun effetto, tanto più se così speciale, è preceduto da una causa corrispondente; ogni reazione segue la relativa azione. Questa è pura fisica.

Tu non puoi seminare odio e raccogliere amore. Non puoi pensare ad un insuccesso e incassare un successo. Non puoi seminare sfiducia ed aspettarti fiducia.

Tu ricevi indietro con precisione infallibile quello che hai mandato fuori, perché così hai regolato le tue antenne emittenti e riceventi!

Rifletti solamente:

«Che cosa vuoi seminare oggi, da poter raccogliere domani? Quali cause vuoi porre oggi, per avere domani il loro risultato?».

91

„Il mio subconscio -

il mio giardino"

«Franz X. Bühler»

Il tuo subconscio è come un incantevole e fruttuoso giardino. Tutto quello che tu pianti incomincia a crescere e a proliferare. E nel modo più vigoroso si sviluppano le piante alle quali tu fai pervenire la più grande attenzione e cura.

Vuoi che crescano i problemi che ti dilaniano? Vuoi che crescano i tuoi opprimenti debiti? Oppure vuoi il boom dei tuoi successi con crescita al turbo, vuoi che cresca l'amore nel tuo rapporto e lo renda maturo, bello, solleticante ed erotizzante come mai prima?

Deciditi:

«Che cosa vuoi avere nella tua vita di più grande, di più forte, di più bello, con maggiore power ed entusiasmo?». E allora redigi una "actionlist" che di per sé all'inizio si differenzia poco dal *"sapere-quello-che-tu-vuoi"*. Tu devi presentarti pieno di fiducia, seminare nel tuo "giardino" e curare con amore. Quando? Adesso, naturalmente!

„*Pensa - succederà*"

«*Franz X: Bühler*»

Quando pensi o in qualsiasi altra forma invii informazioni al tuo cervello, imprimi sempre per così dire un modello di risonanza al tuo computer. La visualizzazione imprime le tue risonanze proprio come lo fanno le esperienze e le avventure, l'educazione e il tuo ambiente; la cultura partecipa e così pure la scelta dei tuoi programmatori detti media, film, libri, meeting. Tutti si imprimono nel tuo essere per l'intera estensione.

Prima che nella tua affascinante vita possa accadere qualcosa, essa deve precedentemente essere pensata da te sotto qualunque forma. E più fai questo in modo intensivo, chiaro e carico di sentimento, più sono pieni di efficacia le tue programmazioni!

Esempio: «*Hai un traguardo stimolante, motivante?*». Bene, allora immàginati come sarà bello quando avrai raggiunto questo traguardo. Vedi te stesso in questo unico affascinante film. E dopo non fare l'errore che fa la maggior parte delle persone: «*Ritengono che, avendolo visualizzato, adesso debba succedere*». No! La prossima domanda è: «*Che cosa posso fare io oggi per avvicinarmi un po' di più a questo traguardo?*». Prima pensare, poi agire!

93

„sentimenti sono le massime

sorgenti di forza della nostra vita"

«Franz X. Bühler»

Quando tu, pieno di fiducia, sei per strada, hai bisogno di vento, di molto vento; e se una volta manca, hai bisogno del motore di bordo e di un po' di carburante. I tuoi sentimenti sono il tuo carburante, il tuo vento! Sono gli acceleratori del tuo meraviglioso viaggio. Ma sta' attento:

«Queste sorgenti di energia funzionano in tutte le direzioni! Sia amore, piacere, divertimento ed entusiasmo, oppure odio, ira, invidia e gelosia, gli uni ti soffiano avanti, gli altri ti frenano o ti ricacciano addirittura indietro».

Qui c'è un'idea di provata efficacia su come tu puoi attivare la tua megacentrale elettrica: *«Concediti 60 minuti del tuo prezioso tempo; cerca foto con fantastici ricordi e scrivi tutto: quello che ti fa piacere, che ti motiva, di cui sei fiero; e poi senti quello che succede...».* Puoi sempre rileggere questi spunti di stimolo, qualora una volta non arrivasse il vento in poppa pieno della forza che ti muove. Essi fanno partire di nuovo il tuo motore di bordo, perché tu possa proseguire sicuro il viaggio verso la meta!

„*La persona più importante*

nella tua vita?"

«*Franz X. Bühler*»

Semplicissimo. Guarda nello specchio e lo riconosci.
Sì, tu sei la persona più importante nella tua vita meravigliosa e avvincente. E questo non è né presunzione, né egoismo!
Ti piace veramente la foto nello specchio oppure appartieni a quelli che al mattino guardano nello specchio e dicono: «*Io non ti conosco - Non mi lavo?*».
«*Sì, sì, è già ok, io so che mi piaccio*». Davvero? Di sicuro? Così come sei, con tutte le tue caratteristiche?
Bene! Allora il test che segue deve essere del tutto facile per te.
«*Va' e da' forma alla tua bocca - davanti allo specchio - per dare un bacio. Guardati negli occhi e dì del tutto delicatamente e pieno di sentimento: io ti amo!*» (*smile).
Se nel fare questo tu provassi dei sentimenti strani, se palpassi la muscolatura della tua bocca non completamente rilassata, allora sapresti che sulla strada dell'amore verso te stesso hai ancora da percorrere un pezzo. Come potresti piacere agli altri, se non piaci a te stesso?

Indem er gespalten wird und 56 mal
über die Schleifscheibe kratzt.
In dem er entdeckt und geschunden
wird findet er die Beachtung aller.
Ja sein Wert wird gar durch ein Monopol
geschützt.
Und doch wandelt er sich unter dem heftigsten
künstlichen Feuer zu Rauch, wie wir
Menschen auch.

*L'investimento ha ripagato. Nel premuroso lavoro di precisione
è stato svegliato alla vita un tesoro sfavillante e prezioso!
Talvolta la vita ci sembra "da levigare". Ma chi crede in se
stesso e nella "vittoria" viene riccamente compensato.*

„Anche in te c'è una

vincitrice - un vincitore

«*Franz X. Bühler*»

Domanda:
«*Vorresti prendere parte ad una corsa, partendo insieme con 2 milioni di uomini e donne partecipanti, sapendo già fin da oggi che solo il vincitore sopravvive e tutti gli altri muoiono?*».
«*Io non sono mica pazzo*», pensi tu!
Ma tu lo hai già fatto! Era la corsa alla fecondazione della cellula dell'uovo. Tu sei stato "the winner" e hai raggiunto per prima/primo la cellula.
Congratulazioni! Fin dall'inizio c'è in te la sindrome del vincitore. Purtroppo pare che molte persone davvero si "piantino" invece di correre liberamente. Lasciali perdere. Bisogna svilupparsi, crescere e prosperare.
Redigi oggi il tuo "Winner-Album" personale e poni attenzione una buona volta a tutti i piccoli guadagni e alle vittorie nella giornata. Descrivi ogni cosa e - quando non hai l'umore del vincitore - leggilo per intero. Vedrai che presto ti sentirai di nuovo in forma.

„dLa più grande chance

della tua vita:

il tuo subconscio è cieco"

«Franz X. Bühler»

Esso guida automaticamente le tue funzioni del corpo e fa crescere tutto quello che tu gli immetti. Tu puoi confrontarlo con un registratore, il quale funziona ininterrottamente e mostra senza pause tutto quello che i tuoi canali sensibili trasmettono precisamente al momento.

Quello però che è assolutamente importante per i tuoi desideri, sogni e mete, è il fatto che *«il tuo subconscio non può distinguere tra fantasia, realtà e sogno!»*.

Spaventoso? Al contrario! Questa è la chance della tua vita. Fornisci regolarmente alla tua super-memoria chiare immagini dei tuoi scopi - e cioè come tu li avessi già raggiunti. Il tuo subconscio allora inizia immediatamente con essi a creare circostanze, a farti prendere per vere le chance, a plasmare con te le tue decisioni, in modo che l'immagine suggerita diventi la tua realtà al più presto possibile. Scommettiamo che...?

„a fiducia in se stessi, un problema per quasi tutti gli uomini"

«Franz X. Bühler»

Spesso l'arroganza viene scambiata come forte auto-coscienza. Il contrario è il caso. Dietro si nasconde sempre un essere insicuro, vulnerabile. La carente auto-fiducia è un problema per quasi tutte le persone - e questo non è uno scandalo! Anche tu una volta eri piccolo e il tuo cervello intanto imparava: *«Io sono piccolo, gli altri grandi, io non so (ancora) fare niente, gli altri possono fare tutto».*
Oggi tu sei sì grande, ma il tuo computer e i programmi profondamente ancorati sono ancor sempre gli stessi. Certamente sono intervenute alcune cose nuove, però purtroppo i vecchi modelli imparati rimangono ancora come prima. Desidereresti cambiarli? Allora di' a te stesso più volte al giorno, a voce alta e con molto sentimento: *«Io ho fiducia in me, io credo in me e nelle mie capacità».* Perché questa auto-suggestione agisca ancor più velocemente e intensamente, cerca avvenimenti nella tua vita che provino proprio queste parole, redigi un elenco e rileggilo regolarmente. Dopo qualche tempo sarà ancorata una nuova immagine di te: un uomo con piena fiducia in se stesso!

99

„Il mio subconscio,

il mio registratore, i miei CD e

DVD, il mio PC"

«Franz X. Bühler»

Se tu hai registrato la musica di Louis Armstrong, suoneranno poi le melodie di Michael Jackson? No! *«Suona Louis Armstrong!»*. Che cosa ti aspetti quando registri un film erotico su di un DVD? Un programma di insegnamento della matematica ai bambini? No. *«Esso porta erotismo!»*. E che cosa ti aspetti se memorizzi sul tuo computer un programma di testi? Sarà disponibile un programma di contabilità? È chiaro, funzionerà il programma dei testi…

E che cosa uscirà se nel tuo cervello, nel tuo subconscio memorizzi azioni violente, racconti dell'horror, thriller e sitcom?

Un uomo equilibrato, pieno d'amore, irraggiante armonia, motivato, che pensa ed agisce verso la meta? Decidi quello che vuoi avere e poi scegli in modo intelligente!

„*Se tu potessi scegliere*

che tipo di persona essere"

«Franz X. Bühler»

Come sceglieresti di essere? Un/una partner amorevole? Calmo, equilibrato e in armonia? Pieno di fiducia in te stesso e di auto-accettazione? Solerte, disciplinato e con grande capacità di resistenza? Lieto d'imparare e avido di sapere? Sportivo, sano e in forma? Socievole e tollerante? Forte, ma corretto, con una chiara linea? Lungimirante, coraggioso, motivato e con una fantastica memoria? Leggi e sai molto? Vivi e accetti le persone come sono? Concentrato e creativo? Amorevole e ordinato? Sai mostrare piacere? Puoi lasciar andare? Sei serio? Questo è bene: *«Tu puoi scegliere...!»*.

Scegli adesso come tu vuoi essere e quindi prendine nota amorevolmente e accuratamente con le parole: *«Io sono.................»*.

Leggi per intero questo testo entusiasmante due volte al giorno con piacere pieno e immaginati di essere già questa interessante e amorevole persona!

101

VI.

Ricchezza -
più che una parola,
afferrabile e fattibile

„La ricchezza materiale

è anche un (tuo) desiderio?"

«per molte persone una questione di fondo»

Un giorno qualcuno ha detto: «Il denaro è un problema solo se tu ne hai poco». Purtroppo io posso unicamente confermare questa dolorosa esperienza. Tuttavia questo detto mi è servito di stimolo, anche se solo in modo condizionato.

Per prima cosa devi fare piazza pulita di due sentimenti conflittuali che emergono sempre quando si tratta di denaro. Volere il denaro non ha niente a che fare con l'ignobile mammone, demone della ricchezza. Adesso tu vivi proprio in una cultura che lo considera importante. Il denaro è né più né meno che un neutrale mezzo di scambio. È un indice della tua azione e non un'espressione di intelligenza e di duro lavoro. Il denaro è fantastico e bello; e se tu desideri aiutare qualcuno, pensa che puoi dare solo qualcosa di quello che hai, o denaro o amore o riconoscimento.

A questo riguardo Bodo Schaefer ha un consiglio molto efficace: «*Interrogati sulle tue Attività-Produttrici-di-Entrate (APE): con quali puoi essere utile agli altri?*». E allora ogni giorno sbriga prima di tutto queste APE!

„I principio più semplice

per la ricchezza"

«formula di base»

È così semplice da sembrare quasi di nuovo ridicolo. Non sottovalutarlo! È più di quanto tu possa forse credere in questo momento. La formula suona così: *«Spendi ogni giorno meno di quanto guadagni!»*.
Non ti fa ricco il grande incasso; ti può fare ricco o povero il tuo rapporto intelligente con l'amato denaro.
Certamente, se tu hai debiti e devi prima di tutto estinguerli, ti trovi a prima vista in un doppio mulinello.
E allora ti aiuta una cosa sola: *«Analizza quanto guadagni regolarmente con sicurezza, pianifica di nuovo le tue spese e gli ammortamenti e attieniti strettamente»*. E c'è ancora una cosa importante: *«Pianifica in modo da poter accantonare il 10% delle tue entrate - anche durante gli ammortamenti del debito!»*.
Se ti sembra che questa strada sia troppo lunga, considera su quali preziose fonti di guadagno puoi ancora contare e aumenta in questo modo le tue entrate.

„*Chi centesimi non eredita,*

un euro non vale"

«*saggezza popolare*»

Ti sei mai domandato in che cosa consistono i tanto desiderati milioni? Giusto, è l'unione di singoli franchi, euro, dollari, ecc.

Noi facciamo le cose più impossibili per conquistare finalmente nella nostra vita i milioni ardentemente desiderati. Giochiamo al lotto, alla roulette, facciamo scommesse e molte altre cose.

«*Sì, se io avessi un milione, allora sarebbe tutto diverso. Io gli darei il benvenuto come ad un caro amico, lo coccolerei e lo curerei*».

Questo è assurdo, una barzelletta assoluta! E che succede con la singola unità di denaro - il franco, l'euro, il dollaro? Essi sono i fratellini e le sorelline che costituiscono i milioni! Noi li trattiamo come l'ultima sporcizia, in modo sprezzante e li spendiamo senza attenzione, liberamente, secondo la massima: «*Questo non costa molto; che cosa sono già 20 franchi, euro o dollari?*». Vuoi tu veramente diventare e rimanere ricco? Allora mettiti alla prova e osserva: «*Come tratti le tue monete?*».

„Risparmiare è divertente,

se misuro"

«Franz X. Bühler»

La cosa più seccante nel risparmiare è che uno non si può permettere niente. Ci mancano i piccoli (non necessari) auto-vizianti. Chiaramente io me ne posso comperare qualcuno più tardi. Addirittura è sperabile! Per quanto siamo avanti e io mi compero qualcosa, questo non è più risparmiare. È il puro contrario. Io spendo denaro! Il mio cervello deve quindi imparare ad avere piacere nel risparmiare e non solo nello spendere! Le seguenti posizioni ti possono aiutare: *«Risparmiare non è rinuncia: è il raggiungimento di una meta su di un altro piano».*
E funziona così:
1. Stabilisciti un traguardo di risparmio che ritieni facilmente raggiungibile.
2. Raddoppia il traguardo, perché tu puoi più di quanto pensi.
3. Disegna una colonnina di misurazione, in cima alla quale c'è il tuo traguardo di risparmio.
4. Riporta ogni giorno quello che hai già conseguito.
5. Stabilisci quale ricompensa ti concedi al raggiungimento del 10, 20, 30% ecc. di risparmio.

Anche i diamanti più preziosi irradiano nello splendore più pieno, quando anche sfavillano "i diamanti" all'interno della persona.

„*Per diventare ricco,*

scopri la ricchezza nella tua vita"

«Franz X. Bühler»

Vuoi tu veramente accumulare ricchezze nella tua vita? Veramente? E che cosa vale questo per te? Che cosa sei disposto a fare per questo? Ancora sempre "Sì"? Ok, allora affrontiamo la questione. La base irrinunciabile è che tu costruisca in te un sentimento bruciante e magicamente magnetico per la ricchezza e che tu aggiunga del "combustibile" ogni giorno, come per il fuoco di un camino.

L'esercizio seguente ti aiuta - e innanzi tutto è ancora gratis: «*A partire da oggi concèntrati ogni giorno, ovunque tu sia, sulla ricchezza attorno a te. Presta attenzione alla rete stradale così estesa, alle insegne per la circolazione, ai semafori, agli edifici, alle auto, ai gioielli, ai vestiti, alla stanza calda, al televisore, alla radio, agli alberi carichi di frutta, al cibo sempre a disposizione, ai fiori meravigliosi, alla tua salute, alle tue capacità*». Sta attento a queste cose e scoprirai: «*Il mondo è pieno di ricchezze*».

Per prima cosa tu devi sentirti ricco nel profondo interiore, per diventare e per rimanere ricco.

Sì, accendi in te il sentimento profondo della ricchezza!

„Io sono un

generatore di valori"

«ignoto»

Quando tu produci per il tuo capo in officina un pezzo complicato ed egli riceve per questo più denaro di quanto ne deve spendere per il materiale e per il lavoro, allora tu hai prodotto un valore. Quando vendi al cliente un prodotto fantastico, grazie al quale egli si sente felice e più ricco di quando il suo denaro era ancora depositato in banca, tu sei un generatore di valori. Quando aiuti qualcuno, lo consigli al meglio ed egli ne ricava un utile molto più grande di quanto ha pagato per te, sei un generatore di valori. Quando dipingi un meraviglioso quadro e l'acquirente è contento più che avesse messo da parte il suo denaro, sei un generatore di valori. Diventane oggi consapevole: *«Con che cosa generi i valori? Che cos'è che rende il tuo agire così prezioso per altri?»*.
E allora rallegrati e di' 100 volte forte e chiaro: *«Io sono un generatore di valori!»*.

VII.

La sapienza
dei grandi pensatori -
comprendere e mettere
in pratica

„*you are what you think,*

all day long"

«*Henry David Thoreau*»

Con quali atteggiamenti e sentimenti desidereresti vivere domani? Come si potrebbe prevedere la tua vita futura? Per condurre domani la vita avvincente e piena a cui nell'intimo aspiri, per essere la persona amata e corteggiata che desidereresti essere, devi già pensarci una prima volta oggi. Per questo decidi adesso:

«*Come e che cosa desidereresti essere? Quali atteggiamenti e sentimenti ti aiutano per questo?*». E poi domandati: «*Dove nella tua vita hai già avuto una volta questi atteggiamenti e sentimenti? Quali persone conosci che sono come tu desidereresti essere? Che aspetto sembra avere la tua giornata di domani, se scorrerà secondo i tuoi desideri?*»

E adesso ancora un fervido consiglio:

«*Le cose che ti girano nella mente prima di addormentarti, proseguono di notte. Esse continuano ad approfondirsi e a consolidarsi!*». Utilizza questa preziosa conoscenza!

„*La storia di una arancia*"

Dopo che uno studente, per incarico del suo insegnante, aveva tentato senza successo di vendere arance al mercato, tornò indietro del tutto demotivato e protestando con rabbia contro le persone che non avevano voluto comperare le sue arance. L'insegnante scosse la testa e domandò allo studente: «*Se io spremo questa arancia, che cosa ne esce?*». «*Succo di arancia, naturalmente*», rispose questi. «*Giusto. E se io picchio alla cieca con un martello, che cosa uscirà fuori?*». «*Anche succo di arancia*», brontolò lo studente. «*E se il tuo mulo la prende a calci, che cosa ne uscirà?*». «*Uscirà sempre succo d'arancia*», replicò lo studente visibilmente alterato. Allora il maestro intervenne con voce pacata. «*L'arancia risponde quindi sempre con quello che ha dentro, con qualunque cosa la si sprema. Metti un uomo sotto pressione. Reagirà con odio, rabbia e invidia: è quello che lui ha dentro*». Che cosa esce fuori da te, quando sei sotto pressione? Perché esca l'amore tu devi per prima cosa amare te stesso e imparare ad accettarti. Una frase che nel caso ti può suggestionare è la seguente: «*Io mi amo e accetto me stesso*». Ripetila per 6 mesi, 50 volte al giorno, forte e chiaro, davanti a te e rallegrati!

„La fede sposta le montagne"

«1 Corinti 13,2»

Già Friedrich Schiller diceva: «*Tutto vacilla, dove manca la fede*».

Io non penso qui alla fede in senso religioso. Credere significa anche essere convinti di qualcosa in modo intensivo e fermo, senza il minimo dubbio!

I dubbi sono i distruttori che intaccano in silenzio le grandi idee! Perciò fa' tutto quello che può fissare in qualsiasi forma la tua fede alla riuscita del tuo progetto.

E qui ancora un consiglio: «*Prima che tu parli con qualcuno di una tua grande meta, rafforzala e fissala prima in te!*».

Ogni desiderio, ogni sogno, ogni meta è all'inizio ancora una pianta tenera. In questo momento i dubbi, i ripensamenti, i consigli "dati a fin di bene" dagli altri possono facilmente distruggerla. Prima che tu faccia la comunicazione, poniti le seguenti domande: «*Che cosa devi poter credere affinché sia possibile raggiungere la tua meta? Che altro ancora potrebbe contribuire? Quando e dove hai già avuto a disposizione queste capacità, questo sapere, queste risorse?*».

„Libertà è la possibilità di realizzare i propri scopi"

«ignoto»

Non viviamo in un tempo fantastico? Il mondo intero giace aperto ai nostri piedi. Tu puoi viaggiare dove vuoi; lavorare come vuoi; realizzare idee per te importanti. Di che cosa hai ancora bisogno? Sapere e potere! Sapere è il presupposto fondamentale per fare qualcosa. Al potere però si arriva prima di tutto attraverso un risoluto fare.

È davvero magnifico! Quasi l'intero sapere del mondo è aperto davanti a te. Va' nella biblioteca più vicina e in tutta la tua vita non riusciresti a leggere tutto quello che sta là scritto. Naviga in internet e il tuo mondo del sapere aumenta di altre potenze! Tu hai la libertà di iniziare già subito oggi ad afferrare risoluto le tue mete e a realizzarle. Chi può distoglierti al di fuori di te stesso? Fallo adesso!

„I segreto del potere

sta nel volere"

«ignoto»

Veniamo al "potere": è raramente un'arte. Il tuo sano intelletto umano e gli impianti di base per il tuo desiderato "potere" riescono a cavarsela meglio di quanto tu pensi. Il resto riesci a farlo tu attraverso l'esercitarti, l'esercitarti e ancora una volta l'esercitarti. Quale è però la chiave per il tuo conseguente esercitarti, quando qualche volta non è così spassoso? Di che cosa c'è bisogno per digerire dolorosi insuccessi e rialzarsi sempre di continuo, quando si è caduti sul pavimento della "realtà"? Nient'altro che il tuo volere. Sapere lo sappiamo tutti.

Il problema è: «*Che cosa puoi fare tu, quando sembra che nel tuo profondo si nasconda un omino che proprio in quel momento dà a intendere che tutto quello che fai non porta a niente e tu faresti meglio a smettere?*». Allora visualizza un'altra volta tutto quello che diventa possibile, se tu adesso tieni duro. Che aspetto avrà la tua vita, quando avrai raggiunto il tuo traguardo? E potrebbe anche essere che tu proprio adesso sia distante solo più un piccolo passo dal previsto successo. Non ti perdoneresti mai di esserti arreso!

„Singolarmente siamo parole,

insieme una poesia"

«ignoto»

Una sinfonia è formata da migliaia di note. Singolarmente sono semplici toni, insieme danno come risultato una composizione completa, meravigliosa e armonica. Da solo tu sei un importante tono armonioso nell'universo. Senza di te mancherebbe qualcosa in questo pezzo di musica! Effettivamente realizzato lo sei però solo quando vedi te stesso come parte di questo intero. In che modo?

Il tuo contributo a questa meraviglia è nascosto nelle tue capacità e doti. Scoprile, incomincia a lucidare e levigare questi meravigliosi diamanti e portali allo sfavillio!

E il meglio in seguito: «*Vedrai, quando sveglierai il tutto e farai quanto è nascosto profondamente in te come capolavoro fin dalla nascita, molti dei tuoi problemi si risolveranno come da soli*».

„*Quando mangi, allora mangia;*

quando vai, allora va';

quando corri, allora corri!"

«*saggezza zen*»

Ma questo io lo faccio già! Sicuro? Proprio sicuro? O è piuttosto così: «*Se tu mangi, pensi già a dove andare dopo - e se tu vai, pensi già al correre? Fa' quello che fai del tutto cosciente e concentrato - e solo quello!*». Che ne ricavi? La concentrazione favorisce risultati più veloci e più precisi, la qualità del tuo lavoro aumenta e i tuoi guadagni accessori sono pace interiore; tu vivi più sano e hai più tempo. E proprio il tempo è oggi più importante che mai.

Credi tu, quando fai più cose contemporaneamente, di andare avanti più in fretta? Totalmente sbagliato!

Fa' una volta questo test: «*Allontana dalla tua scrivania tutte le cose di cui adesso non hai bisogno e metti solo quello con cui stavi lavorando al momento*». Costaterai di essere molto più redditizio e più veloce.

„Non sono mai stato povero, solo prostrato; l'essere povero è l'immagine interiore"

«*Essere prostrato è una situazione temporanea…*».
Cambiare una figura interiore saldamente ancorata è difficile, così come dopo la caduta rialzarsi di nuovo e riprendere un'altra volta la strada!
Conosci il detto: «*I ricchi diventano più ricchi, i poveri sempre più poveri*». Perché? Perché entrambe, ricchezza e povertà, sono un problema di atteggiamento interiore e non di circostanze esterne.
Il ricco deve "difendere" quotidianamente la sua ricchezza, così come il povero la sua povertà!
Il cambiamento desiderato, però, può venire solo dall'interno. Come? Osserva ogni giorno: «*Come ti sei comportato oggi nelle situazioni di denaro, come hai deciso?*». Analizza con cura e con onestà e poi cambia nei pensieri questo film, come se tu ti fossi già comportato in modo giusto. Scoprirai con stupore che nella stessa situazione ti comporterai in modo diverso oppure il tuo "vecchio" modello di comportamento ti diverrà cosciente, già mentre agisci.

„Oggi è il mio giorno migliore"

«libro di Arthur Lassen»

Un uomo intelligente diceva una volta: *«Ogni mattino, quando mi alzo, ho la scelta tra l'essere felice e rallegrarmi o l'essere infelice e sentirmi male. Non sono cretino: io scelgo l'essere felice!»*. Forse tu adesso pensi: *«Non è così semplice. Lui lo può dire. Se avesse le mie preoccupazioni, anch'egli non sarebbe felice»*. Domanda: *«Quando puoi confrontarti meglio con le preoccupazioni e i problemi? Quando ti senti pieno di forza e felice o quando senza benzina e senza coraggio rifletti sulle soluzioni?»*. Certo, se tu sei pieno di power e di piacere di vivere, il tuo problema non diminuisce, ma il tuo atteggiamento e i tuoi rapporti cambiano. Solamente così puoi girare di colpo il volante e imboccare la strada giusta.

Come? Compila per te un elenco di cose e di avvenimenti che ti tirano su e ti motivano. Scorrilo una volta ogni giorno e rivivi nel pensiero di nuovo questi momenti meravigliosi che donano forza - oppure leggi "Mein iPowerbuch" dell'autore Franz X. Bühler.

„Prenditi tempo"

«ignoto»

Prenditi tempo, per lavorare:
è il prezzo del successo.
Prenditi tempo, per riflettere:
è la sorgente della forza.
Prenditi tempo, per giocare:
è il segreto della gioventù.
Prenditi tempo, per leggere:
è la base del sapere.
Prenditi tempo, per stare con gli amici:
è la porta per essere felice.
Prenditi tempo, per sognare:
è la strada verso le stelle.
Prenditi tempo, per amare:
è il vero piacere della vita.
Prenditi tempo, per essere allegro:
è la musica dell'anima.
Prenditi tempo!

„*Vivere significa*

imparare dalla natura"

«*ignoto*»

Dal sole imparare - a riscaldare.
Dalle nuvole imparare - a librarsi.
Dal vento imparare - a dare spinte.
Dagli uccelli imparare - a guadagnare altezza.
Dagli alberi imparare - ad essere costante.

Dai fiori - imparare lo splendore.
Dalle pietre - imparare a rimanere.
Dalle foglie in autunno - imparare a lasciarsi andare.

Dalla pioggia imparare - a scorrere via.
Dalla terra imparare - a cambiarsi.
Dalla luna imparare - a cambiarsi.
Dalle stelle imparare - che la vita va sempre avanti,
incomincia sempre di nuovo.

„Nel nostro mondo

non c'è nessuno fuori gioco"

«Dr. Josef Murphy»

Ti senti inutile, ti cade il tetto sulla testa e tu pensi: «*Tutto è assolutamente senza senso*». Allora rifletti: «*Nel nostro mondo non c'è nessuno fuori gioco. Ogni persona ha il suo posto.*
Anche tu vieni richiesto!
Rintraccia chi e come utilizza le tue capacità e prendi quindi le tue decisioni!».
Sono le tue capacità del tutto particolari che occorrono, e non le tue debolezze!
Domandati adesso subito - e scrivilo: «*Che cosa puoi fare tu di particolarmente buono? In che cosa sei forte? Che cosa ti rende così prezioso?*».
Ogni essere umano, così speciale ai tuoi occhi, è una parte del tutto. C'è bisogno di lui anche solamente perché con lui tu e altri vi possiate sviluppare ulteriormente!

VIII.

Abitudini
che ti portano avanti

„just do it“

«Nike»

Affronta oggi la tua cosa più importante, più sgradita e più opprimente. Una cosa che nel passato ti è costata molta energia, che spesso ti ha bloccato o addirittura paralizzato, che tu, dispiaciuto già da fin troppo tempo, hai scacciato lontano da te.

Riflettici e suddividila in piccoli lavori fattibili. E poi affronta la cosa risoluto e ricompensati dopo aver eliminato ogni singola meta parziale.

Guarda ansioso al termine della giornata e goditi "un piacevolmente caldo pizzicore nella pancia", il senso fiero e soddisfatto di essere un uomo di azione. Da omettitore sei diventato imprenditore. Mi congratulo di cuore!

La ricetta si chiama: «Fallo!»

„Che cosa posso fare oggi,

per avanzare

nella direzione delle mie mete?"

«la domanda chiave delle persone di successo»

E quando accanto alle occupazioni importanti e assolutamente necessarie c'è solo un piccolo passo, fallo. Pieno di fiducia, fa' ogni giorno un passo avanti in direzione dei tuoi desideri, sogni e mete motivanti e pieni di energia.

Metti questo unico passo subito come primo al mattino o, ancora meglio, alla sera precedente; affrontalo con diligenza e coerenza!

Se ogni giorno hai sentore nel tuo profondo di arrivare più vicino alle tue magnifiche mete, allora si svegliano in te incredibili e insospettate energie.

Già dopo poco tempo vedrai crescere in te una forza carica di tensione, piena di attese, indomabile; e tu farai appena in tempo a pianificare il prossimo passo di successo e a metterti in cammino!

La pazienza di questo coltivatore di bambù è valsa la pena: il bambù è qui, alto, forte e bello. La ricompensa per quattro lunghi anni di amorevoli cure.

„Pazienza,

una virtù spesso dimenticata..."

«esempio abbreviato da un libro di Bodo Schaefer»

«Piantare un bambù richiede di pensare a lungo termine e di avere fiducia. Il coltivatore di bambù prima di tutto scava e sotterra con cura i germogli, poi copre la superficie del terreno con fieno. Ogni mattino l'agricoltore innaffia i germogli non ancora visibili. Estirpa le erbacce e smuove il terreno. Ogni mattino - per quattro lunghi anni, non vede i suoi germogli e non sa se la sua premura verrà ricompensata; non sa neppure se i germogli siano ancora vivi. Infine, al termine del quarto anno, i germogli escono dal terreno e vengono in superficie. E allora crescono in appena 90 giorni per 20 metri interi!».

Che cosa aspetti tu? Che cosa hai seminato, senza sapere con precisione quando e se ci saranno i germogli?
Va' avanti, tieni duro, cura e coccola i tuoi semi e rallegrati per il giorno nel quale appariranno per la prima volta le tenere punte, per poi "spuntare dal terreno" con incontenibile forza.

131

„Il tempo è

la mia sorgente più preziosa"

L'unica cosa nella nostra vita che noi possiamo "perdere" veramente è il tempo. Una volta trascorso, è e rimane irrimediabilmente perso. Il tempo è vita. Il tempo è la misura dell'esistenza! Sostituisci l'espressione "tempo" con la parola "vita" e giudica tu stesso: *«Io non ho tempo! Il tempo sparisce»*. Diventano: *«Io non ho vita. La vita sparisce»*.

La regola di Pareto dell'80/20 porta al punto: *«Noi raggiungiamo quasi sempre con il 20% del dispendio l'80% dei risultati. Nel 20% del tempo realizziamo l'80% del lavoro produttivo. Con il 20% dei clienti otteniamo l'80% del fatturato. Con il 20% del tempo guadagniamo l'80% delle esperienze»*. Immàginati che cosa sarebbe possibile se tu utilizzassi in modo vero e proprio anche solo il 50% del tuo tempo, della tua vita!

Il problema è: *«Come puoi ottenere il cambiamento da te stesso?»*.

Io ho sempre notato che se pronuncio la frase seguente 50 volte al mattino e 50 volte alla sera, ho incominciato automaticamente ad utilizzare meglio il mio tempo.

«Il tempo è la mia sorgente più preziosa, per cui lo utilizzo con cura per attività che portano a risultati».

132

„*Parlare è argento*"

«*parte di una saggezza popolare*»

E il silenzio è d'oro, dice il linguaggio popolare. Questo è vero in molti casi, ma in altrettanti casi è totalmente il contrario. Lo contraddicono tutte le conoscenze della fisica dei quanti! La coppia sposata, quella che ogni giorno siede passiva davanti al televisore, che nel fine settimana si lancia da una visita all'altra, che di continuo offre noiosi inviti, che individualmente cura nelle serate belle e preziose la vita associativa, che approfitta di ogni possibile appuntamento con autoaffermazione, ecc., non può stupirsi se d'improvviso non ha più nulla da dire. Allora: «*Prendi decisamente il tuo destino nelle tue mani o, detto meglio, nella tua bocca e parla! Parla su Dio e sul mondo, scàmbiati avvincenti esperienze, non importa quali, ma parla*». Il potere della comunicazione è uno dei regali più economici e più preziosi che abbiamo ricevuto dalla nascita. Solo il tacere induce gli uomini a crescere separati gli uni dagli altri.

133

„*Non cedere mai, mai, mai*"

«*il discorso più breve di Churchill*»

Nel momento in cui tu abbandoni e ti ritiri, quando smetti di cercare ancora e di credere in una soluzione, tutto crolla con alto fragore. Molti ti comprendono - sì, cercano forse addirittura di convincerti a riconoscere che alla fin fine qualcosa non funzionava! Tu hai serrato le fila, hai dato tutto, ti sei sacrificato fino all'esaurimento. Hai dimostrato a tutti che per te era importante. Adesso dovresti almeno poter lasciare con la coscienza a posto. O no?

No, non farlo! Se smetti adesso, distruggi una parte della tua fiducia in te stesso e della tua autostima. Non importa quanto ti sia già costato: erano investimenti per la tua formazione! Avrebbero dovuto essere gratuiti?

Non cedere mai non significa che tu non debba aprirti a forza una strada. Si potrebbe dire: «*Se una strada non ti porta al traguardo, allora ce n'è un'altra. Una c'è: trovala!*».

Informati su chi ha già superato una volta questo problema, questa sfida; e chiedi loro un consiglio.

„Scopri la bellezza

nell'altro"

«Franz X. Bühler»

La giornata di oggi deve diventare davvero unica, speciale. Camminiamo insieme in un viaggio di scoperta del tutto particolare! «*Cerca oggi in ogni persona che incontri qualcosa di bello!*».
Può essere un semplice particolare, come il suo naso formato bene, la bocca ben arcuata, la voce piacevole, i gioielli preziosi o i vestiti accurati che lei/lui indossa, il suo comportamento comprensivo di fronte a te o ad altri.
Non importa che cosa... e adesso osserva te stesso: «*Come ti senti accanto agli altri in questa situazione?*».
E come reagiscono le persone interessate? Sì, anche esse si comportano diversamente, perché tu con la tua scelta di altri pensieri cambi la tua predisposizione e il tuo irraggiamento verso di loro. Quello che irraggi ti ritorna indietro, prima o dopo!
Che cosa pensi dell'idea di abituarti stabilmente a questa "sindrome dello scopritore" e diventare in questo modo un contemporaneo sempre benvoluto e piacevole? Che cosa pensi sulla più facile riuscita di quanto avviene con tale irraggiamento?

135

„Fa' prima quello di cui hai paura

e la fine della paura

è per te sicura"

Quanto spesso hai già rimandato cose che a te sembrano spiacevoli, cose che affronti solo malvolentieri, davanti alle quali hai un grande timore o che quasi ti paralizzano per la paura? Tu hai trovato mille motivi per non confrontarti con esse proprio oggi. Questo è totalmente assurdo e paradossale: *«Le cose allontanate di continuo si aggirano sempre appresso a te, come se tu andassi ad un tour della montagna, raccogliessi pietre, le portassi a casa e il giorno successivo salissi su di un'altra montagna con lo zaino ancora pieno di quanto avevi il giorno prima. Di giorno in giorno diventa sempre più pesante. Esso ti opprime e ruba inutilmente le tue preziose forze».*
Riconosci seriamente: *«Quasi sempre quello che tu avevi rimandato a lungo lo hai poi sbrigato in brevissimo tempo e di solito era brutto solo la metà di quanto temuto».* Fa' le cose importanti oggi, altrimenti domani diventano urgenti - e dopo sta attento alla tua sensibilità!

„La regola delle 72 ore"

«ignoto»

Tutto quello che ti prefiggi e non inizi a realizzare entro 72 ore, nasconde purtroppo in sé la grande probabilità che tu non lo faccia mai.

Ogni volta che tu trovi qualcosa di fantastico, sia in questo interessante libro, sia in un avvincente seminario o in un buon consiglio che qualcuno ti dà, fa' immediatamente quanto segue: *«Programma in modo consapevole questa attività, questo comportamento; scrivilo nella tua agenda - e fallo, fa' il primo passo entro 72 ore!»*.

Vedrai che sarai giustamente fiero di essere un uomo di azione invece che di parole. Hanno effetto solo le cose che tu fai – e non quelle che tu tralasci o di cui parli solamente. Nel discorso sulla tua tomba nessuno citerà tutto quello che hai progettato e poi non hai fatto. Tu verrai misurato in base alle tue azioni. Che cosa vuoi fare assolutamente nelle prossime 72 ore?

Fallo!

„*Tieni già*

un diario dei successi?"

«Bodo Schaefer»

Che cosa è?

Un diario dei successi è un libro, un ordinatore o un quaderno su cui tu riporti ogni giorno tutti i tuoi grandi, medi e piccoli successi. Tutto quello di cui sei fiero, che ha messo in azione la tua sensibilità. Cose che conseguentemente tu hai affrontato e risolto, ecc.

Successi come: *«Ho fatto in modo disciplinato le 3 telefonate che da lungo tempo rimandavo. Ho regalato ad un'altra persona una parola d'amore, un complimento. Ho aiutato un anziano ad attraversare la strada. Oggi finalmente ho pensato per la prima volta ad innaffiare i fiori».*

Che cosa dovrebbe portare questo?

Gestita in modo costante è un'idea assolutamente vantaggiosa per rafforzare la tua fiducia in te e la tua autostima. E questa cosa è stata apprezzata almeno una volta dal 99% delle persone.

E chi pensa che essa non lo riguardi, potrebbe forse averne la più alta necessità!

„Nel silenzio procedono

le cose veramente grandi"

«ignoto»

Puoi lavorare con la massima concentrazione quando sei in mezzo ad una festa allegra e confusa? Pensi veramente che la nascita di grandi idee sia possibile quando ci si trova al centro di una manifestazione rumorosa? Sulla base delle attuali conoscenze scientifiche sul cervello, questo è quasi per niente possibile.

Goditi il tuo riposo ben meritato, lascia il frenetico giorno dietro di te e chiudi i tuoi "cassetti" ancora aperti e attivi! Solo adesso sei veramente in grado di caricare la tua "ram", la tua memoria lavorativa, con quanto ti occorre per la nascita meravigliosa di nuove idee, creazioni o soluzioni di progetti.

E adesso sottoponi al tuo supercomputer problemi mirati e dàgli il tempo sufficiente per giocare con possibili combinazioni creative. Le grandi idee si annunciano spesso dapprima con voce tenera e fine. Come puoi percepirla se chiasso e baccano soverchiano tutto attorno?

„Fa' così come se"

«ignoto»

Al celebre clown Rolf Knie fu chiesto in una intervista: *«Che cosa succede quando un clown, appena prima di una entrata, riceve una notizia che spaventa e abbatte? Come può tuttavia in un tale momento dire ancora sciocchezze, trascinare ed entusiasmare la gente?».*

La sua breve risposta: *«Fa' così come se! Fa' così come se tu stessi bene, come se niente fosse successo, dà tutto ed entra pienamente nel ruolo, vivilo con tutti i sensi. Vedrai che già dopo poco tempo incomincerai a sentirti proprio così».*

Fa' così, come se tu fossi già l'uomo entusiasta e prezioso che desidereresti essere. Interessati per i viaggi e per i soggiorni che vorresti goderti. Visita le esposizioni, dove trovi tutto quello che apparterrà alla tua vita eccitante. Recati nell'ambiente delle persone che già sono dove tu vuoi arrivare.

Ma attenzione: *«Non scambiare il "fa'-così-come-se" con il fatto che tu già oggi prenoti i viaggi, ordini l'auto da sogno, acquisti abiti nelle boutiques più costose... tutte cose che superano ancora le tue condizioni attuali!».* Prima nella testa, poi passo dopo passo all'‹esterno›.

„Solo quando sai che cosa cerchi, allora la puoi trovare

«Franz X. Bühler»

La storia del cavatappi stregato...
Tu stai in cucina davanti al cassetto spalancato, pieno zeppo di quantitativi di posate cromate lampeggianti, mestoli, coltelli ed altri "attrezzi di casa"; e cerchi disperato un cavatappi. *«Io non riesco a trovarlo...».* Telefoni alla tua partner. *«Eppure c'è, deve essere là. Controlla ancora una volta».* Tu continui a cercare disperato. Sembra stregato. Questo maledetto cavatappi semplicemente non arriva nelle tue mani. *«Che aspetto ha?»,* ringhi tu, impaziente ed eccitato. *«Ha un manico arancio».* Nel momento in cui senti "arancio", ti balza all'occhio. Era tutto il tempo là, davanti ai tuoi occhi. Tu non lo hai notato solo perché non sapevi con precisione dove lo dovevi cercare. Così è con tutte le cose nella vita: *«Solo quando tu sai che cosa cerchi, allora la puoi trovare».* Che cosa cerchi tu? Quali risposte? Che aspetto deve avere la tua vita? Diverso? Come diverso? Rivolgi al tuo cervello domande precise e riceverai risposte precise!

141

„La story di una cipolla"

«Franz X. Bühler»

Tu lo senti in modo molto preciso. Da qualche parte, profondo in te, ci deve essere un imponente grande nodo, qualcosa che sempre e in continuazione è d'intralcio per te? Tu lavori su di te, ti sviluppi e ti sembra di girare solamente in un cerchio, di avanzare a malapena?

Allora ti può aiutare il confronto seguente: «*Ogni uomo è un essere enormemente complesso con un numero infinito di esperienze, avvenimenti e altri processi di apprendimento. Egli è come una cipolla!*». Se tu vuoi spingerti al nocciolo, può essere probabile che tu debba rimuovere ancora alcune bucce. Purtroppo in questo tu non sai mai di preciso quanto sei già andato avanti, perché la meta desiderata non è ancora arrivata.

Qui aiuta una cosa sola: «*Va' avanti in modo conseguente!*».

Tu lo vali! Chissà, forse tu sei precisamente l'unica "buccia" allontanata dalla soluzione da tempo scelta! Non cedere mai, mai, mai! Altrimenti non sperimenterai mai come sarebbe se…

E del resto le cipolle hanno pure una caratteristica propria: nel rimuovere le loro bucce fanno scorrere anche lacrime.

142

IX.

Cose che
alleggeriscono la vita

„*Ti senti debole?*

Cambia il tuo comportamento"

«da Neuro Linguistic Programming (NLP)»

Ci sono momenti in cui ci sentiamo deboli e sfiniti; questo è normale. Non è normale rimanere in tale situazione. Puoi naturalmente aspettare trepidante che qualcuno venga e ti dica qualcosa di fantastico, che ti tiri di nuovo su. Oppure risoluto puoi affrontare apertamente da solo la situazione.

Che cosa vuoi?

Se vuoi fare da solo, ti aiuta l'esercizio seguente:

«*Siedi o rimani eretto, petto in fuori, spalle alte, sorridi, mostra i tuoi denti, inspira profondamente, chiudi gli occhi e pensa nell'espirare ad un bel momento della tua vita e batti sette volte sul tuo sterno*». Ripeti il tutto dieci volte. Poi piega entrambe le braccia, come se desiderassi mostrare a qualcuno i tuoi forti muscoli della parte superiore del braccio, inspira ancora una volta profondamente e nell'ispirare di' forte e chiaro: «*sììììì – yeah – io sono il top!*». E adesso prova a capire come ti senti!

145

„A chi regalo oggi

una parola d'amore?"

«oggi una volta in modo diverso»

Noi umani siamo proprio esseri speciali degni di nota. Critica: "a fin di bene come sempre"; e abbiamo a portata di mano "cari consigli e avvisi" spesso in fretta, troppo in fretta.

Ma quando hai cercato l'ultima volta del tutto coscientemente in un'altra persona qualcosa di sollecitante, di incomparabile e di positivo?

Fa' oggi una buona volta il seguente affascinante test. *«Nelle persone che ti circondano a casa e sul posto di lavoro, presta attenzione alle cose che ti colpiscono in modo particolare la vista e che tu puoi seriamente lodare. Regala generosamente complimenti e sussurra a qualcuno nell'orecchio una parola buona. Scrivi con il rossetto rosso fuoco al tuo o alla tua partner un "ti amo" sullo specchio della stanza da bagno e sii curioso di sapere che cosa succederà. Osserva con attenzione, sta' in ascolto dentro di te, avverti come ti senti e poi decidi quando ti concederai la prossima volta una giornata così entusiasmante».* Te la sei davvero meritata.

146

„Fa' qualcosa di buono

e parlane"

«Peter Suter»

Osserva la successione, perché è decisiva: prima fare
e poi parlarne! E non, come sono solite molte persone,
prima raccontare tutto e poi non fare nulla. Chi prima
di tutto parla, cerca ancora la conferma; non è ancora
sicuro della sua idea.

Avvertimento: *«Questo è il momento più pericoloso
nella vita della tua idea!»*.

Se adesso arriva qualcuno e dubita e critica
pesantemente, soffoca le più fantastiche idee appena
nate. Egli instilla dubbi corrosivi in te!

Del tutto diverso ed estremamente efficace è il parlare
di un'opera completata! Significa dare energia ad una
cosa, accrescerla e amplificarla, risvegliare in altri
l'entusiasmo, forse addirittura un po' d'invidia - e non
per mettersi egoisticamente al centro. È solo un
problema di quanto e come tu ne parli!

Del resto: *«L'invidia bisogna guadagnarsela!»*.

„Lite, furia, ira e odio:

come altri rubano

la tua energia"

«profezie di Celestino III»

Quando tu litighi, ti arrabbi, sei furioso o irato, la tua preziosa energia fluisce direttamente verso la persona interessata alla tua lite, alla tua furia, alla tua ira.

Le prossime volte osserva curioso come ti senti dopo un tale avvenimento pieno di energia. Ti senti forte, equilibrato e pieno di incontenibile energia? Appena bene.

Se tu stesso ti trovi di nuovo in una situazione simile, prova una delle seguenti idee piene di energia. Abbraccia pieno d'amore l'altro e digli: «Se tu hai bisogno di energia, la puoi ricevere anche da me». Se questo non è possibile, allora inspira profondamente e di' o pensa: *«Io mi sono sì arrabbiato e infuriato, ma nonostante tutto trovo bella e amabile questa persona».*

Difficile? Forse, ma di efficacia straordinaria.

„*Chi ha paura*

ha già perso"

«*ignoto*»

La paura può essere uno dei sentimenti più comuni e più assorbitori di forze, che noi conosciamo. Essa ti può proteggere bene e addirittura spronare. Di quale natura è la tua paura? Ti aiuta ad andare avanti motivato e risoluto, oppure ti paralizza? Rispondi alle domande seguenti:

- Hai paura sotto qualsiasi forma o hai dubbi di fronte ad un possibile risultato?
- Permangono altri timori o dubbi?
- Come appare la tua vita quando quello di cui hai paura in realtà non succede?
- Che cosa sarebbe il peggio che può capitare, se i tuoi timori si avverassero?
- Sarebbe davvero così grave?
- Che cosa puoi fare tu proprio adesso per abbattere e liberarti da queste preoccupazioni e paure?

«*Paura significa concentrazione sul falso. Tu dirigi la tua energia verso qualcosa che non desidereresti avere*».

Cose che alleggeriscono la vita

„Chi serba rancore verso gli altri

si procura da solo

affanno e fatica"

Noi uomini siamo proprio esseri speciali. Quanto sovente ci arrabbiamo e portiamo appresso questa rabbia verso gli altri anche per anni? E chi dei due si prende carico in "aggiunta" dell'intero lavoro - l'altro o tu? Nessun animale farebbe questo.

La buona notizia: *«C'è una soluzione - e si chiama "perdonare"!»*. Sebbene di inaudita efficacia, sembra essere una delle cose più difficili che conosciamo. E si aggiunge ancora che il perdono sarebbe oltremodo sano. Il non perdonare ha già procurato spesso blocchi interni, ulcere o addirittura tumori!

Vuoi questi risultati? Lo so, il perdono sembra più facile di quanto lo sia in effetti, e il chiederlo può riuscire davvero maledettamente pesante. Allora tenta una volta questa soluzione: *«Immàginati: il tuo amorevole bambino interno si reca col pensiero presso il bambino interno dell'altra persona, gli stringe la mano e lo prega di perdonarlo per le cose xyz»*. Se questo ha efficacia? Provalo!

„*Tutto è difficile,*

prima che diventi facile"

«Franz X. Bühler»

Quante volte la gente ti ha già detto: «Caspita, è difficile quello che tu fai! Io non ci riuscirei mai!». E tu hai replicato: *«Ma no! È del tutto facile»*. Perché? Perché tu sei capace e domini la cosa, così ti pare facile.
Questo vale per noi a riguardo di tutte le nostre cose. All'inizio ci sembrano difficili, perché non abbiamo molta esperienza pratica. Più ci esercitiamo, più diventano facili e semplici; noi potremmo affrontare ben altre sfide.
Non importa quello che avevi intenzione di fare: *«Può, deve apparirti difficile all'inizio»*. Non muoverti se la meta, il desiderio, il sogno, la sfida sono troppo piccoli. Tu puoi crescere solo con cose che pretendono da te; esse ti sosterranno.

Tutto ne fa parte: il duro e disagevole lavorare nel vigneto, il sudato guadagno della vite maturata al sole, l'amorevole cura del prezioso succo della vite, come pure l'assaporare le nobili gocce dal gusto pieno dopo aver fatto il lavoro quotidiano.

„Ti sei guadagnato di goderti in santa pace l'equilibrio tra lavoro e divertimento"

«Franz X. Bühler»

Non siamo un po' impazziti? Lavoriamo e sfacchiniamo per giorni e notti e non ci godiamo nessuna pausa. Spesso vengono messi da parte la famiglia, gli amici e il mangiare. E quando una volta ci permettiamo il lusso di comparire al lavoro solo a mezzogiorno, già ci tormenta la cattiva coscienza. Ma così non va proprio!

Noi sappiamo cioè che ci saremmo guadagnati una pausa, ma nel nostro profondo c'è una sommessa voce fastidiosa che continuamente insinua nell'orecchio una sensazione spiacevole.

Hai scoperto questo anche già in te, oppure conosci qualcuno che è così? Allora è il tempo della suggestione: *«Io mi sono meritato di godermi in santa pace, in buona coscienza, l'equilibrio tra lavoro e divertimento».* Scrivilo per te su di un pezzo di carta e pronuncialo almeno 50 volte al mattino e alla sera. Fa' questo per 4 settimane e ti stupirai!

„*Hai già un album*

dei sogni?"

«*Bodo Schaefer*»

No? È ora, non c'è tempo da perdere! Inaugura subito oggi il tuo personale album dei sogni. Raccogli illustrazioni di tutte le cose che desideri per te. Scrivi quello che è importante per te, quello che desidereresti "ottenere" dalla tua meravigliosa e avvincente vita. Dipingi nei pensieri, vivi e forti, i tuoi sogni giornalieri. Fa' un collage con queste illustrazioni e sfoglia brevemente più volte al giorno:
«*Così sarà la tua vita*».
In modo automatico? No, ma nella tua testa imprimi in tal modo una base di risonanza - ed essa è la condizione fondamentale perché questa vita piena, questo sogno di vita possa diventare la tua realtà.
Il balengo vede solo le illustrazioni e pensa: «*Peccato, sembra quasi vero*». L'intelligente s'interroga: «*Come potresti arrivare fin lì?*». Il più intelligente ha già un piano e l'intelligentissimo si domanda: «*Che cosa posso fare oggi per...*».

„*Quando una scimmia guarda nello specchio, nessun apostolo può venire riflesso*"

«Lichtenberg, sulla fisiognomica»

Quando un perdente guarda nello specchio, nessun vincitore può venire riflesso. Quando un brutto guarda nello specchio, nessun bello può venire riflesso. Quando un dipendente guarda nello specchio, nessun dirigente può venire riflesso. Quando un arrabbiato guarda nello specchio, nessun allegro può venire riflesso. Quando un povero guarda nello specchio, nessun milionario può venire riflesso. Come vedi, è dappertutto la stessa cosa.

Si guarda sempre a te di riflesso, a quello che ti aspetti, a quello che pensi di te stesso, a come ti senti!

Cambia i pensieri, cambia la tua opinione su di te, cambia il tuo atteggiamento e la gente vedrà in te l'essere umano che tu vorresti essere. Fa' questo fino a quando nel profondo del tuo cuore avverti quello che desidereresti essere; e il passo è più breve e più semplice di quanto tu possa oggi credere. Sì, tu sei completamente ok. Tu sei campione. Tu sei prezioso!

155

„*Qualcuno ti ha fatto arrabbiare?*"

Gli uomini sono degli esseri davvero speciali. Noi permettiamo sempre a qualcuno di farci arrabbiare. Questo non vuol dire altro che: «*Noi scegliamo sentimenti di collera!*». E il paradosso è già riconoscibile nelle nostre stesse parole: difatti abbiamo cura di dire: «*Io mi sono arrabbiato!*».

Io-mi-sono-arrabbiato da me stesso! Che barzelletta! Nessun uomo al mondo può farti arrabbiare, se tu non lo permetti. Devi farlo proprio da te stesso. Ciò nonostante diamo sempre continuamente ad altri il potere sui nostri sentimenti. Sii serio: «*Come ti senti quando tu hai adirato te stesso?*». Pieno di energia, forte, motivato o senza energia, senza forza, piuttosto demotivato?

Il meglio che puoi fare subito adesso è di prefiggerti: «*Oggi io non mi arrabbio*»! Oppure, espresso positivamente: «*Oggi rimango calmo e disteso. Io controllo da me stesso i miei sentimenti, qualunque cosa o persona arrivi a me!*».

E quando ti arrabbierai di nuovo una volta, abituati almeno ad aggiungere una frase positiva. Per esempio: «*Ragazzi, questo è un vero idiota! Però, devo ammetterlo, guida una bella auto!*». Perchè è consigliabile aggiungere questa seconda frase? Perché con essa il tuo cervello collega l'ira contro di lui con qualcosa di piacevole e tu stai subito meglio! Prova. È vero quello che ha efficacia!

156

„Lasciar andare - ma come?"

«Franz X. Bühler»

Lasciar andare può significare:
- *Accetta la situazione dell'È. È come è.*
  Tu non puoi cambiare il passato.
  Ma il modo e la maniera con cui oggi lo consideri
  influisce in modo essenziale sul tuo futuro.
- *Non condannare! Condannare significa*
  "non accettare", quindi tener fermo,
  dare energia alla cosa.
- *Non concentrarti su di un determinato cammino!*
  Questo significa delimitazione. Un esempio
  chiaro? Sì, ma il cammino deve rimanere
  flessibile.
- *Non aver dubbi sul raggiungimento della meta.*
  Per cui stabilisci delle mete nelle quali puoi
  credere!
- *Rimuovi dalla tua vita quello che non usi più,*
  per esempio cose non più utilizzate da un anno.
  Questo significa fare spazio
  per cose nuove, per attese.
- *Tu non devi "voler-avere-ragione",*
  per dimostrare che gli altri hanno torto.
- *Sii libero dal "dover-vincere"! Ad esempio, quanto*
  più sei capace a lasciar andare durante un gioco,
  tanto più paradossalmente è grande la tua
  possibilità di vittoria.

157

„Imparare più in fretta?

Segui i modelli"

«Franz X. Bühler»

Quando hai fatto i progressi di apprendimento più grandi e più veloci della tua vita? Quando ancora bebè e più avanti bambino hai assorbito tutto e curioso, pieno di avidità di sapere, hai esplorato il mondo.

Hai imparato a mangiare, a parlare, a camminare, a correre, a telefonare, a comportarti in modo corrispondente a situazioni speciali.

E come hai imparato? Hai osservato i tuoi genitori, hai studiato il tuo ambiente e del tutto semplicemente hai imitato tutti, fino a che sei riuscito altrettanto bene. Nella NLP indichiamo così: *«Tu hai modellato!»*.

Questo funziona ancora oggi altrettanto bene, come al tempo dei bambini.

Desidereresti aver successo nel tennis, nel golf, nell'atletica leggera, nel calcio, nella tua professione?

Allora cercati dei modelli, persone che già padroneggiano quello che tu desidereresti imparare, e segui il modello. Imitali. Comportati allo stesso modo. Abituati alle stesse cose e festeggerai gli stessi successi. Che cosa e come desidereresti essere?

„Hai bisogno subito

di maggior energia?"

«Franz X. Bühler»

Allora bevi 2 o 3 litri d'acqua al giorno. Noi uomini siamo fatti per oltre il 70% di acqua. Questo è chiaramente logico perché i nostri corpi hanno più di tutto sete, nel senso più letterale della parola.

Acqua a sufficienza significa: *«Migliore digestione, sangue più fluido, collegamenti nervosi che reagiscono meglio, il tuo cervello funziona più prontamente; e tu ti senti più vitale e più efficiente».* L'effetto secondario potrebbe essere che così ti sbarazzi dei trapananti mal di testa a lungo sopportati (nel caso tu ne abbia...), perché erano spesso solo una conseguenza della scarsità di acqua chiara e fresca. E adesso parliamo dell'ossigeno:

La prossima volta che tu ti sentirai debole e senza power, prova in questo modo: *«Inspira profondamente mentre tu conti lentamente fino a 6, trattieni l'aria e conta così fino a 24, poi espira lentamente contando fino a 12».* Fa' il tutto per 3 volte. Potrebbe seguire un leggero giramento di testa per breve tempo. Dopo ti sentirai più in forma, garantito! Se serve? *«Il provare va oltre lo studiare!».*

„*Furioso o arrabbiato?*"

«*ignoto*»

Allora prova una volta la ricetta brevettata che segue.
Immaginati nel pensiero questo uomo o questa
situazione e di' a te stesso: «*Pace sia con te!*».
Vedrai, stai subito meglio e si forma in te un sentimento
tranquillo, piacevole.
Questo sembra strano, quasi misterioso, ma non lo è.
Nella NLP si dà il nome di "chaining-anchor" a questa
forma di ancoramento.
Il tuo cervello collega in questo momento l'ira e la
rabbia dell'immagine che si dissolve con questa frase
del tutto speciale, che noi colleghiamo con sentimenti
pacifici e piacevolmente distensivi. L'efficacia è quindi
così impressionante, perché questa breve frase è già
stata utilizzata e coniata milioni e miliardi di volte – e
ogni settimana viene di nuovo pronunciata. Dal punto
di vista della fisica dei quanti ti agganci per dir così ad
un campione di risonanza sperimentato e
profondamente ancorato. Se questo ha davvero
efficacia? Solo il tuo test personale lo può dimostrare:
«*Pace sia con te!*»